REFLEXOS DO BOM COMBATE
OU
MEMÓRIAS CINQUENTENÁRIAS
DE UM POETA BISSEXTO

ANTOLOGIA POÉTICA INOVADORA

Editora Appris Ltda.
1.ª Edição - Copyright© 2022 do autor
Direitos de Edição Reservados à Editora Appris Ltda.

Nenhuma parte desta obra poderá ser utilizada indevidamente, sem estar de acordo com a Lei nº 9.610/98. Se incorreções forem encontradas, serão de exclusiva responsabilidade de seus organizadores. Foi realizado o Depósito Legal na Fundação Biblioteca Nacional, de acordo com as Leis nos 10.994, de 14/12/2004, e 12.192, de 14/01/2010.

Catalogação na Fonte
Elaborada por: Josefina A. S. Guedes
Bibliotecária CRB 9/870

M217r
2022
	Maia, José
	    Reflexos do bom combate ou memórias cinquentenárias de um poeta bissexto : antologia poética inovadora / José Maia. - 1. ed. - Curitiba : Appris, 2022.
	    448 p. ; 23 cm.
	
	    ISBN 978-65-250-2693-0
	
	    1. Poesia brasileira. I. Título.
	
	                                              CDD – 869.1

Appris
editora

Editora e Livraria Appris Ltda.
Av. Manoel Ribas, 2265 – Mercês
Curitiba/PR – CEP: 80810-002
Tel. (41) 3156 - 4731
www.editoraappris.com.br

Printed in Brazil
Impresso no Brasil
Presita en Brazilo

José Maia

REFLEXOS DO BOM COMBATE
OU
MEMÓRIAS CINQUENTENÁRIAS
DE UM POETA BISSEXTO

ANTOLOGIA POÉTICA INOVADORA

FICHA TÉCNICA

EDITORIAL	Augusto V. de A. Coelho
	Marli Caetano
	Sara C. de Andrade Coelho
COMITÊ EDITORIAL	Andréa Barbosa Gouveia (UFPR)
	Jacques de Lima Ferreira (UP)
	Marilda Aparecida Behrens (PUCPR)
	Ana El Achkar (UNIVERSO/RJ)
	Conrado Moreira Mendes (PUC-MG)
	Eliete Correia dos Santos (UEPB)
	Fabiano Santos (UERJ/IESP)
	Francinete Fernandes de Sousa (UEPB)
	Francisco Carlos Duarte (PUCPR)
	Francisco de Assis (Fiam-Faam, SP, Brasil)
	Juliana Reichert Assunção Tonelli (UEL)
	Maria Aparecida Barbosa (USP)
	Maria Helena Zamora (PUC-Rio)
	Maria Margarida de Andrade (Umack)
	Roque Ismael da Costa Güllich (UFFS)
	Toni Reis (UFPR)
	Valdomiro de Oliveira (UFPR)
	Valério Brusamolin (IFPR)
SUPERVISOR DA PRODUÇÃO	Renata Cristina Lopes Miccelli
ASSESSORIA EDITORIAL	Cibele Bastos
	Lucas Casarini
REVISÃO	Camila Dias Manoel
	Gilberto Andreatta Maia
PRODUÇÃO EDITORIAL	Raquel Fuchs
DIAGRAMAÇÃO	Bruno Ferreira Nascimento
CAPA	Luciana Andreatta Maia
	Sheila Alves
COMUNICAÇÃO	Carlos Eduardo Pereira
	Karla Pipolo Olegário
	Kananda Maria Costa Ferreira
	Cristiane Santos Gomes
LANÇAMENTOS E EVENTOS	Sara B. Santos Ribeiro Alves
LIVRARIAS	Estevão Misael
	Mateus Mariano Bandeira
GERÊNCIA DE FINANÇAS	Selma Maria Fernandes do Valle

GRATIDÃO

Inúmeras pessoas eu gostaria de homenagear com este *Reflexos do bom combate*. Naturalmente, como todo ser humano ainda imperfeito, cometerei omissões lamentáveis. Vou listar muitas delas. E correr o risco de omitir um ou outro coração afável que eu gostaria de citar, nominalmente. Meu modesto trabalho poético eu o dedico a estas pessoas e àquelas que por desventura não venha a citar, por absoluta limitação memorial, em que em geral somos pródigos. Que me perdoem as pessoas cujos nomes omitirei. Conto com sua compreensão e peço-lhes perdão. Moram estas no meu coração, e muitas outras pessoas com quem tive e tenho a grata satisfação de conviver, nesta nossa viagem pela Terra, mais uma vez. Sintam-se, pois, todos homenageados, todos que tiverem contato com este livro:

Lídia Honorio Maia, minha mãe, pelo seu inexcedível amor. Por mais que escrevesse sobre minha relação filial com ela, tudo seria pouco e insuficiente; seriam crônicas numerosas a descrever as inúmeras lições e os exemplos que legou a mim e aos meus familiares. Alguns poemas desta antologia são pálidas referências à sua vida exemplar.

Saturnino Venerável Maia, meu pai, que muito procurou me ensinar e talvez com quem eu pouco tenha aprendido naqueles dias da infância e da adolescência, aprendizado que hoje vem à tona como resultado de reflexões silenciosas e maduras, benefícios que em geral haurimos no tempo, sempre mestre precioso a todos nós; profissional faz-tudo, mas principalmente torneiro mecânico, por um tempo policial militar, dedicou-se sobretudo nos últimos anos de sua vida física à família; em sua trajetória, porém, sempre foi solidário com familiares, amigos e vizinhos; preocupava-se com a comunidade, os direitos da população; mantinha contato com vereadores de Curitiba, com Horácio Rodrigues, também deputado estadual e de quem foi cabo eleitoral muitas vezes; preocupava-se com o Brasil; frequentemente citava acontecimentos importantes da nossa história nacional recente; era admirador de Getúlio Vargas e sempre enaltecia os direitos trabalhistas brasileiros como preciosa conquista; apreciava ouvir *A voz do Brasil*, buscando saber o que se passava no País.

Claudete Andreatta Maia, esposa e companheira dedicada, cuja trajetória em minha vida é retratada em poemas desta antologia.

Gilberto, Alessandro, Luciana e Eduardo, meus filhos, com quem treino ser pai.

Alaíde, Patrícia e Patrícia, minhas queridas noras, e **Ricardo**, meu querido genro.

Andrielle, Milena, Gabriel, Maria Eduarda, Mariana, Davi e Lorenzo, de quem tenho sido avô paparicador.

Rafaelly, minha primeira bisneta, que já tem me ensinado certas operações deste mundo cada vez mais informatizado, assim como meus filhos e netos.

Silvio, Silvia, Geny, Glacy, Osmar, Larival e Wilma, meus irmãos, a quem agradeço termos vivido juntos grande parte das lições aprendidas em nossa infância e adolescência, junto de nossos queridos pais e nos lugares onde vivemos; e às suas respectivas famílias hoje constituídas, cujos membros, em forma de cunhados(as), sobrinhos(as), sobrinho(as) netos(as), propiciam-me continuar o eterno aprendizado familiar.

Airton, Anadir, Jorge, Ana, Lizete, Leonardo, Reginaldo, Fátima, Joeci, Paulinho e Tereza, meus cunhados, com quem tenho aprendido lições de inestimável valia, também no cenário familiar, com seus(suas) filhos(as) e neto(as), nessa rede imensa de relacionamentos que formam a teia familiar.

Licya Millaki Andreatta e Antonio Andreatta, meus sogros. Ela, que tive a satisfação de conhecer como aluno do Colégio Estadual do Paraná (CEP); sua saborosa pizza, seu cachorro-quente, na cantina; filas enormes na entrada das aulas noturnas. Foi também mãe amorosa e dedicada para mim e meus filhos. Ele, sábio e ponderado, conselheiro, também ligado à música de sanfona (tocava magistralmente! Muitas histórias ouvi sobre sua participação em grupo musical que atuava na Sociedade do Abranches), às tradições italianas de família.

Marise Pavelski Correia, assistente social, com quem ensaiei experiências de Serviço Social e que em longo período de minha vida, junto da família materno-paterna, foi nosso sustentáculo em necessidades humanas como eficiente profissional da antiga Legião Brasileira de Assistência (LBA); além de amiga muito querida para toda a minha família, com sua mãe, **Maria da Luz Pavelski Correia (Dadá)**, seu pai, **Osvaldo Correia**, seu irmão **Osvaldinho**, e irmãs **Marília e Marilda,** sua avó materna, D. **Alba**, a quem minha mãe, **Lídia**, serviu por muitos anos como trabalhadora doméstica e babá.

Prof.ª Donai Gema da Luz, com quem estive no terceiro ano primário, no Grupo Escolar São Paulo da Cruz, no Cabral; suas atenções, sua disciplina e sua dedicação foram importantes para mim naquele ano de 1965; dialogávamos bastante no trajeto entre a escola e sua casa, cujo roteiro era também da minha mãe, **Lídia**; então nós três muitas vezes conversávamos sobre minha situação de aluno, dos meus irmãos e os desafios que se nos apresentavam, uma vez que nesse tempo morávamos na favela; ela era das poucas pessoas que sabiam desse fato, que nos fazia sofrer, eu, especialmente, que me sentia muitas vezes inferiorizado; pessoa muito querida, que lembro com muito respeito e carinho.

Prof.ª Regina Maria Michelotto, minha muito querida mestra de Geografia, Ciências, Matemática e Religião, no Grupo Escolar São Paulo da Cruz, que funcionava junto à Igreja Bom Jesus do Cabral; ela me apresentou ao Colégio Estadual do Paraná, tendo-me inscrito como candidato ao Exame de Admissão ao Ginásio, após ter-me preparado para as respectivas provas, que eram um verdadeiro vestibular; ela, e a Prof.ª Zilda Bleggi, também homenageada nesta oportunidade, reencontrei-a doutora em Educação, na Universidade Federal do Paraná — memorável encontro naquele 2003, quando frequentei estudos de Espanhol, curso de extensão da UFPR!

Prof.ª Zilda Corso Bleggi, também minha muito querida mestra de Português e História, no Grupo Escolar São Paulo da Cruz, anexo à Igreja Bom Jesus do Cabral, que me preparou igualmente, como a Prof.ª Regina, para o Exame de Admissão ao Ginásio no Colégio Estadual do Paraná; que me encaminhou para aprender datilografia no escritório jurídico do seu esposo, o **Dr. Francisco Bleggi Júnior**.

Dr. Francisco Bleggi Júnior, advogado brilhante, assessor jurídico do Departamento de Trânsito do Paraná (Detran/PR), que me acolheu generosamente em seu escritório, onde aprendi datilografia sob a orientação esclarecida do hoje consagrado escritor **Cristóvão Tezza**, no final de 1966 e nos primeiros meses de 1967; a esses generosos amigos agradeço profundamente minha iniciação nas coisas da vida pública.

Professores Ernani Costa Straube, Aroldo Straube da Cunha e Leonid Kipman, guias inestimáveis, mestres inesquecíveis, referências seguras ao longo do caminho. Tendo como cenário básico o Colégio Estadual do Paraná (CEP), foi por meio deles que me enriqueci de inumeráveis lições de vida pública, de cidadania, de exemplos de ações dignificantes cujo nível vai de passagens simples e comuns do cotidiano a acontecimentos solenes da vida humana. Lembrar esse legado em detalhes seria mesmo planejar narrativas que encheriam volumes.

Prof.ª Lavínia Maria Costa Straube, esposa do querido **Prof. Ernani Costa Straube**, citado muitas vezes nesta antologia pelo muito que sempre significou em minha vida como aluno e funcionário do sempre estimado Colégio Estadual do Paraná; convivi e convivo com toda a família, até hoje — seus filhos **Isabela, Guilherme e Fernando**, amigos irmãos, hoje pais e profissionais competentes e dedicados; D. Lavínia foi, com seu esposo, minha madrinha de casamento, naquele 25 de outubro de 1975, na Igreja Bom Jesus do Cabral; frequentei sua residência, onde sempre fui recebido com carinho e atenção, no compartilhamento de nossas experiências de vida. Do seu lar, onde minha mãe heroína servia como trabalhadora doméstica, veio um dia um convite de altíssimo significado para minha vida: ser datilógrafo do CEP, aos 13 anos, em 1967.

Dr.ª Myriam Costa Straube, primeira dentista escolar do Paraná, viúva do consagrado professor e pesquisador Guido Straube; D. Myriam entrou comigo na Igreja do Cabral, no dia do meu casamento, embora minha mãe também lá estivesse; grande pessoa, com quem muito conversei, ao visitá-la em sua histórica residência, na Rua Carlos Cavalcanti; ela, mãe do **Prof. Ernani Costa Straube**, também aqui homenageado.

Professoras Elsi Miriam Gabardo Costa e Maria Cristina Gabardo Costa, amigas e conselheiras desde minha adolescência. Nos últimos anos, quantas vezes estivemos juntos, eu as visitando em sua residência, no Rebouças, em especial para receber doações de livros e revistas, encaminhados ao Sistema Penitenciário do Paraná, para uso da população carcerária.

Prof.ª Zélia Arns da Cunha, esposa do **Prof. Aroldo Straube da Cunha**, família igualmente querida que me proporcionou conhecer o mar, aos 15 anos (litoral do Paraná – Matinhos e Caiobá, em 1969); convivi nesse tempo com seus filhos Paulo, Clóvis, Clarice e Sergio, hoje profissionais respeitados da sociedade curitibana, amigos a cuja família tributo gratidão pelas experiências frutíferas que juntos vivemos; seu pai, o Prof. Aroldo, foi-me igualmente mestre precioso no aprendizado de atividades inerentes às funções da Secretaria-Geral do Colégio Estadual do Paraná, onde atuei como datilógrafo, especialmente em trabalhos ligados ao antigo Exame Supletivo.

Prof. Orlando Medeiros de Souza, com quem trabalhei na Direção-Geral do Colégio Estadual do Paraná; que muito me ensinou na vida administrativa; que mais tarde foi um dos gestores de empresa onde trabalhou meu pai, **Saturnino**.

Prof.ª Hôda Elias Salamuni, cujas aulas de História, no curso ginasial do Colégio Estadual do Paraná, eram magníficas e encantavam-me. Paulo, seu filho, e eu militamos no movimento escoteiro — **Paulo Salamuni**, vereador e presidente da Câmara Municipal de Curitiba, combativo político, advogado, presidiu a União dos Escoteiros do Brasil — Região do Paraná.

Prof.ª Isolde Zuppini, diretora do turno da tarde do Colégio Estadual do Paraná, professora de Inglês, que me suportou a incipiência e me proporcionou lições preciosas de vida pública; e seu esposo, **Luciano Zuppini**, um entusiasta da Educação Física, do Atletismo.

Prof. Inami Custódio Pinto, que produziu, dirigiu e apresentou o programa *Pingos de Saber*, criado pelo Colégio Estadual do Paraná, na gestão do **Prof. Ernani Costa Straube**, então diretor-geral, em 1968; folclorista, que divulgou largamente a cultura paranaense, resgatando músicas e danças, por exemplo, da Ilha de Valadares, em Paranaguá, e da Lapa; casou-se com a **bibliotecária Léa Stockler**, também do mesmo CEP; mais tarde, tive convivência com suas **filhas, Andréa** e **Inara**; atualmente Andréa trabalha para resgatar a obra do seu pai.

Sebastião Ayres de Arruda, chefe do setor de Contabilidade do Colégio Estadual do Paraná, paternal e amigo, com quem aprendi alguma coisa sobre orçamento e contabilidade públicos; que me proporcionou belo passeio a São Francisco do Sul, onde tinha propriedade, tendo eu lá passado o Natal e o Ano Novo de 1969, com sua esposa, professora de Geografia do Colégio Estadual do Paraná, e seu filho **Júnior**, mais tarde meu colega de Escotismo no Grupo Escoteiro Marechal Rondon (39º Paraná), que nasceu no CEP.

Prof. Wagner Hage, que me iniciou, no CEP, nas questões de licitação, tomada de preços, concorrência pública; que me apoiou, com o Prof. Popp, na iluminação da "minha casa na favela", com lampião a gás, nos dias da adolescência, 1968; a quem servi na organização da I Feira Municipal de Ciências (Femuci), em 1969; de cujas aulas com audiovisual (filmes americanos de excelente qualidade!), no auditório-cinema do CEP e para turmas diversas, eu participava como funcionário que era do colégio.

Prof. José Henrique Popp, que me proporcionou aproximações com as Ciências Naturais e se sensibilizou com a ausência de energia elétrica em minha casa, tendo-me apoiado com um lampião a gás (o conhecido "liquinho").

Prof. Antonio José Sandmann, de Língua Portuguesa, diretor do *Boletim Informativo* do Colégio Estadual do Paraná, cujas edições datilografei por algum tempo, tendo com ele aprendido questões importantes da nossa língua-mãe e o gosto por citações latinas.

Prof. Antonio dos Santos Filho, que me apresentou a Olavo Bilac quando convidado a declamar seu famoso soneto "Língua portuguesa", no programa *Pingos de Saber*, do Colégio Estadual do Paraná; com quem trabalhei diretamente durante alguns meses quando ele presidiu a Associação dos Professores do Paraná, em 1970. O Prof. Santos Filho afigurava-se-me uma enciclopédia ambulante da História, matéria que ele lecionava. Alegrava-me ouvi-lo narrando fatos históricos relevantes do Brasil e do Mundo, citando personalidades conhecidas. Lembro-me de alguns nomes: Goethe, Voltaire, Napoleão...

Aldo Pinheiro, aluno do Colégio Estadual do Paraná, diretor do jornal *Longe Lateqve*, onde publiquei alguns poemas; mais tarde, formado advogado, convivemos aqui e ali, nas andanças pela Rua XV de Novembro (Rua das Flores), onde ele tinha escritório; candidato a deputado estadual, pereceu em acidente automobilístico, em plena campanha, nos anos de 1970, parece-me que em 1973; autor de um livro que me marcou pelo realismo, *Imagens da experiência*.

Prof.ª Olinda de Oliveira, pedagoga, grande amiga, conselheira de minha adolescência e mestra em minha vida de aprendiz, que me conduziu à primeira palestra espírita, no Auditório do Colégio Estadual do Paraná, onde conheci o consagrado conferencista **Divaldo Pereira Franco**, em 1971, cuja obra hoje é um marco no movimento espírita brasileiro e mundial.

Prof. Ricardo José Koch, de Desenho e Pintura do Colégio Estadual do Paraná, autor de pinturas que estão na pinacoteca do CEP, como o retrato do Barão de Suruí, figura que teve participação histórica na fundação do colégio, em 1846; ele me chamava "secretário", com sua simpatia e cordialidade permanentes; sua esposa, **Prof.ª Emma Koch**, igualmente produziu aquarelas imortalizadas e que se encontram na pinacoteca do CEP.

Igor Kipman, amigo e chefe escoteiro, filho do **Prof. Leonid Kipman**, já citado nesta antologia; colegas que fomos no querido Colégio Estadual do Paraná; com ele participei de acampamentos, acantonamentos e viajei, com os companheiros de Escotismo, adquirindo experiências valiosas para a vida; diplomata, foi embaixador brasileiro no Haiti, quando do terremoto de 2010, que vitimou a Dr.ª Zilda Arns, ocorrências estas citadas nesta antologia, em algum lugar; embaixador do Brasil em diversos países; com sua esposa, Roseana, e filhos, manteve intensa atividade diplomática e no movimento escoteiro.

Prof.ª Ângela Kipman, de quem fui aluno na disciplina de Inglês, no querido CEP; filha do **Prof. Leonid Kipman** e de **D. Irene**, em cuja família estive presente muitas vezes, buscando do Prof. Kipman conselhos e orientações e sempre recebendo do clã familiar atenção e carinho, de que sou devedor, permanentemente. Em gratidão, denominei minha biblioteca caseira com o nome do amado Mestre — **Biblioteca Prof. Leonid Kipman**.

Roaldo dos Anjos, professor de música, membro do Coral do Colégio Estadual do Paraná, pessoa sempre alegre, que dizia que cantaria no meu casamento; foi uma pena, mas perdi o contato com ele; mais tarde, tive notícias do seu falecimento.

Prof.ª Sálua Elias Garau, membro do Coral do CEP, também homenageada nesta antologia, que me presenteou com um livro de poemas de Castro Alves; esposa do famoso maestro italiano, radicado em Curitiba, fundador do citado coral e de outros em terras paranaenses, como o Coral da Universidade Federal do Paraná — **Maestro Mário Garau**, pessoa cativante, alegre, competente e admirada no meio artístico musical, a quem pude servir durante o tempo de datilógrafo/auxiliar de escritório na Direção do CEP, 1967-1970, na gestão do **Prof. Ernani Costa Straube** e do **Prof. Osny Antonio Dacol**. Sempre alegre, saudava-nos com o seu *"buona sera"* constante, traço da sua origem italiana.

Telmo Faria (José Faria Moritz era o seu nome civil), professor de Teatro; autor, diretor e ator; datilografei alguns dos seus textos, encenados em Curitiba e noutras paragens; assisti, entusiasmado, a uma produção cinegráfica sua, *O diabo de Vila Velha*, bonita ficção nordestina do cangaço em paragens paranaenses.

Prof. Vasco José Taborda, escritor, poeta, presidente do Centro de Letras do Paraná, com quem convivi no querido CEP; ele, quase sempre de terno branco, chapéu, elegante no trajar e no falar; nesta antologia, minha homenagem em forma de citação de análise dos meus modestos poemas, feita por ele.

Prof.ª Maria Lambros Comninos, que dirigiu a Escolinha de Arte do Colégio Estadual do Paraná, onde expus poemas meus; que me encantava com suas referências à Literatura Grega Clássica, pois lecionava Grego nas turmas do período da tarde do CEP.

Dr. Javier Salvador Gamarra, com quem aprendi um pouco da Ciência Homeopática; que me fez conhecer a Faculdade Espírita e me sugeriu o vestibular para Serviço Social, entre outras preciosas lições de vida. Por ele, paraguaio de nascimento, conheci a *Guerra do Brasil*, que chamamos *Guerra do Paraguai*. Médico humanitário, espírito fraternal e solidário, sempre pronto a servir ao próximo. Muitas vezes, pude acompanhá-lo nessas atividades beneméritas e mesmo profissionais, quando ele atendia pacientes em domicílio.

Prof.ª Neyda Nerbass Ulysséa, psicóloga, cofundadora da Faculdade Espírita, citada algumas vezes neste trabalho, com quem trabalhei por alguns anos, sobretudo durante sete anos em experiência de extensão universitária no meio penitenciário, sob o tema "Educação em valores humanos e autoconsciência", na Casa de Custódia de Curitiba e na Colônia Penal Agroindustrial do Paraná. Amiga e mestra, estivemos presentes em numerosos eventos da querida instituição.

Prof. Octávio Melchiades Ulysséa, fundador e diretor-geral da Faculdade Espírita, mais tarde transformada em Faculdades Integradas, que esteve na iminência de tornar-se centro universitário e que, com o falecimento do lúcido e arrojado idealista, teve mudança de gestão e de rumos institucionais. Alguns poemas homenageiam, nesta antologia, o abnegado idealista, que teve jornada rica de experiências no meio educacional. Fui seu aluno de Sociologia, disciplina que ele lecionava com vibrante entusiasmo.

Dr. Walter do Amaral, meu professor de Direito e diretor da Faculdade Espírita, quando lá atuei, recém-formado, nos anos de 1980; advogado da Legião Brasileira de Assistência (LBA), excelente amigo e conselheiro, com quem tive aulas magníficas no campo profissional e na carreira da vida; cuja família, para mim, tornou-se igualmente muito querida — suas filhas **Lucília**, colega assistente social; **Luciana**, médica homeopata; **D. Mercedes**, doce presença maternal a me receber em sua casa; referências fraternas a seus filhos **Lísias, Lívio**; também a **Patrícia**, cujos primeiros passos pude acompanhar, com carinho.

Aramis Millarch, jornalista, fundador do suplemento "Almanaque" de *O Estado do Paraná*, com quem trabalhei indiretamente quando ele dirigiu o Departamento de Relações Públicas e Promoções da Prefeitura Municipal de Curitiba, na primeira gestão do prefeito Jaime Lerner; de quem recebi a denominação de "poeta bissexto", por ocasião de "Tancredo-Esperança" (21/04/1985), constante desta antologia; com quem convivi mais estreitamente, anos mais tarde, por meio de memorável convivência nas lides espíritas com sua esposa, **Marilene Zicarelli Millarch,** que se destacou na direção da Biblioteca Pública do Paraná.

Prof. Luiz Gonzaga Paul, meu querido mestre de Língua Portuguesa, no Colégio Estadual do Paraná, que me propiciou a oportunidade de atuar mais tarde como redator da Assessoria Técnica da Casa Civil, no Governo do Paraná, criada por sua iniciativa, no governo Ney Braga, em 1980; com quem muito aprendi na arte e técnica de escrever; que fundou a Telegramática de Curitiba e que, do alto dos seus noventa dezembros, prossegue na "luta com palavras", conforme asseverava Drummond.

Cristiane Silva do Nascimento, na sua época de acadêmica de Letras da Universidade Tuiuti do Paraná, quando ela e colegas de turma analisaram alguns poemas meus, cuja opinião consta desta antologia; dinâmica e entusiasta colega de trabalho nas lides de redação, na antiga Assessoria Técnica da Casa Civil do Governo do Paraná; mais tarde, casada, ela passou a residir nos Estados Unidos, hoje de retorno a Curitiba; professora de Inglês.

Gil Renato Chator Pereira, amigo e colega de trabalho na Assessoria Técnica da Casa Civil, que me incentivou quantas vezes no trato de textos, livros e documentos públicos e que me incentivou a escrever e publicar.

Ivo Lessa, cantor lírico do Paraná, bacharel em Direito, sob cuja chefia atuei na Assessoria Técnica da Casa Civil, durante o governo José Richa; com sua participação escrevemos um trabalho de pesquisa em redação, "A correspondência do governador José Richa: Introdução ao Estilo"; seguindo naquele período seu percurso artístico, pudemos, eu e minha família, conhecer famosas peças artístico-musicais, como óperas, no Teatro Guaíra.

Osmar Jorge da Silva Filho, amigo e companheiro de trabalho no Palácio Iguaçu, durante alguns governos; meu chefe no início do governo José Richa; profissional respeitável e competente; com sua esposa, **Marilis**, profissional do Tribunal de Contas, mais tarde, compartilhamos algumas ações sociais de solidariedade.

Prof. Paulo Micoski, amigo e companheiro de redação na Assessoria Técnica da Casa Civil do Governo do Paraná, docente de Língua Portuguesa do CEP e do antigo CEFET, hoje Universidade Tecnológica Federal do Paraná (UTFPR), com quem pude ampliar conhecimentos preciosos da nossa língua-mãe.

Izilindra Nunes Cavalheiro (Zilá), que me ensinou o trato com os Espíritos e a condução da Mediunidade. Irmã mais experiente e verdadeira mãe espiritual a nos socorrer nas dificuldades psíquicas e a nos ensinar o sentido prático das vivências espíritas-cristãs.

Karen Kristine Nunes Cavalheiro e Julinho, seu filho — netos do coração.

Silvio de Oliveira Dias, Hugo César do Rosário Dias, Sônia e sua família — Silvinho, Vitor Cristiano e Indianara —, amigo escritor (15 livros, 13 deles publicados); convivendo com a família, muito aprendemos, por três décadas; tornamo-nos compadres, e essa trajetória propiciou-nos valiosos aprendizados de vida. Um escritor curitibano, nascido carioca, a ser resgatado.

Maria de Lurdes Kovalczuk, Gilberto e família, amigos de tanto tempo, com quem trocamos mutuamente experiências do cotidiano.

Eva Luzia Ferreira de Lara, Ailton e sua família, igualmente amigos de experiências no meio familiar e profissional.

Ceslava de Souza e sua família, pessoa muito querida, amiga, que se mantinha solidária com nossas lutas pessoais e familiares; minha mãe, **Lídia**, trabalhou em sua residência, no Cabral; ela, para minha mais grata surpresa, compareceu à minha formatura em Serviço Social, na reitoria da Universidade Federal do Paraná, em 15 de março de 1980, eu orador da turma; sua filha **Daisy** foi minha colega no Colégio Estadual do Paraná, no curso profissionalizante do segundo grau, em 1973-75; **Adriana**, mais tarde, colega de aprendizado espírita; e **Vera**, sempre lembrada por minha mãe, **Lídia**, nos memoráveis dias da infância/adolescência.

Carmen Beatriz Frenzel, amiga, chefe de lobinhos (aquelá), no Escotismo; fui seu assistente no querido Grupo Escoteiro Marechal Rondon, do Colégio Estadual do Paraná; feliz convivência de aprendizado mútuo, a que sou muito grato, e também à sua filha, Taciana.

Dária Farion, professora. Pertenceu à Academia Paranaense da Poesia, Centro Paranaense Feminino de Cultura, Centro de Letras do Paraná, Brazilian Endowment for the Arts, Academia Feminina de Letras do Paraná, Academia Virtual Brasileira de Letras e Academia Virtual Sala dos Poetas e Escritores. Trabalhamos juntos no Colégio Estadual do Paraná, na Casa Civil do Governo do Estado. Poeta prolífera, criativa, encantadora e amiga, cuja família admiro e estimo desde os meus dias da adolescência, cujos livros aprecio com carinho.

Dirce Leny Massolin Pacheco, assistente social, professora. Assessora para Assuntos Penitenciários do Secretário de Estado da Justiça do Paraná, Deputado Federal Odilon Túlio Vargas, também historiador, escritor, cuja gestão foi marcada pela humanização da pena aplicada pela Justiça às pessoas sentenciadas – política pública que revolucionou o Sistema Penitenciário paranaense durante os governos Jayme Canet Júnior, Ney Braga e Hosken de Novaes (1975 aos primeiros anos de 1980). Ela foi minha supervisora de estágio de Serviço Social; por seu intermédio recebi lições exemplares de idealismo, dedicação, trabalho. Laços sagrados que permanecem no tempo, inclusive junto dos seus filhos e suas famílias.

Combati o bom combate, terminei a minha carreira, guardei a fé.

Paulo, o Apóstolo

A Bíblia – O Novo Testamento,
Segunda Epístola a Timóteo,
Capítulo 4, Versículo 7

APRESENTAÇÃO

Uma antologia poética em geral dispensaria apresentação. Teria, quando muito, prefácio.

Esta ousa destoar de outras. Contém apresentação e referências bibliográficas, destas que se fazem em obras técnicas, em trabalhos acadêmicos.

Inovadoramente, contém, abaixo de cada poema, pelo menos três referências, como que a destacar ou a data completa (dia/mês/ano) ou o ano. A primeira referência é do autor: qual era o seu momento psicológico, filosófico, social, espiritual. Isso poderia sugerir o porquê do poema, qual a sua motivação, o que o levou a compô-lo, o contexto.

A segunda e a terceira referências são de fatos históricos. A segunda, relacionada com o nosso País, o Brasil, que tanto amamos. Fatos da sua história, em que, algumas vezes, o autor é contemporâneo. E a terceira refere-se a acontecimentos da história mundial, de ordem política, esportiva, artística, científica, literária — enfim, algo que tenha tido importância para a sociedade.

Alguns poemas foram publicados em antologias, jornais ou boletins informativos institucionais. Alguns premiados, outros classificados com menção honrosa.

Gostaria de esclarecer o porquê da denominação "poeta bissexto". Foi assim que o consagrado jornalista curitibano Aramis Millarch denominou o autor, quando, em 1985, este publicou o poema "Tancredo-Esperança", em sua coluna "Almanaque" do jornal O Estado do Paraná. Desde então, eu me consolei com o epíteto: escrevo de vez em quando, pouco, é verdade, mas com o coração, sob a inspiração de fatos sociais, históricos alguns, outros insignificantes do ponto de vista coletivo mais amplo, mas com algum significado para mim. Enfim, poetar é um fenômeno muito particular; é como se uma estrela cadente, das inúmeras que riscam timidamente as noites terrenas, caísse sobre os poetas e motivasse-nos a dizer o que quer que seja, de modo a registrar, por escrito, o que vai pela nossa alma... E talvez possa tocar outras almas igualmente afins, sintonizadas com Bragi, amante da Poesia entre os bardos antigos.

E por que *memórias cinquentenárias*? Porque foi em 1965, aos 12 anos de idade, que pela primeira vez, segundo me lembro, visitou-me a mente alguma coisa em forma de poema, que dizia assim:

> Quando fui para o Amazonas
> Levei um chute no focinho
> Porque estava bebendo lavagem
> No chiqueiro do vizinho.
> Fui correndo à polícia
> Dar parte do insulto.
> Porém, estava na malícia
> Falando com um adulto.

Versos tolos e sem sentido. Mas descobri o que era construir rima, fazer poesia. E como isso fazia bem à alma! Desde esse momento de autodescoberta, entrei no mundo da Poesia. Depois, descobri que a poesia também poderia ter métrica. E conheci o soneto. Em contato com os fatos da Semana de Arte Moderna de 1922, veio a poesia livre, ora com rima e sem métrica, ora rimada. Faz 50 anos, portanto, meio século — um cinquentenário que já se amplia.

E o bom combate? Um arremedo da citação paulina — a luta íntima, interior, que se desenvolve na mente e no coração, na razão e no sentimento — na arena de todos e de cada um de nós, em cujo cerne está, como pérola em concha, o autoconhecimento, a autodescoberta — objeto antigo, desde Sócrates e Platão, desde Jesus, até a Psicologia Transpessoal, surgida em 1966 nos Estados Unidos e atualíssima para estes dias iniciais do terceiro milênio da era cristã.

Outras considerações: aí por 1968 ("o ano que não terminou", segundo romântica e nostálgica referência de muitos de nós saudosistas), fiz incursões por algumas obras, alguns autores, do Brasil e mais além. Homenageei com versos Casimiro de Abreu, cujo poema foi publicado pelo *Longe Lateqve*, precioso e histórico jornal do mundo acadêmico do Colégio Estadual do Paraná. Versos esparsos são retidos na memória:

> Flor magnífica da nossa literatura
> Que sua vida a ela dedicou,
> Dedilhando com sua lira suspiros
> Que ficaram presos nesta terra gentil!

Mais um registro desse mundo poético: alguns poemas produzidos na fase adolescente se perderam (felizmente? infelizmente?), esquecidos num balcão de lanchonete e jamais recuperados. Eram versos melancólicos, inspirados em ambientes como o de Álvares de Azevedo, com seu comovente e triste *Noite na taverna*. Alguns daqueles poemas foram declamados em *Pingos de Saber*, programa televisivo do Colégio Estadual do Paraná, levado ao ar aos domingos pela manhã, a partir de 1968. Naquele programa, que frequentei durante um ano, tive a alegria e felicidade de declamar poesias de autores portugueses, depois brasileiros (o primeiro foi "Língua portuguesa", de Olavo Bilac, o "Príncipe dos Poetas Brasileiros"), paranaenses e finalmente meus modestos versos, feitos alguns de afogadilho, na véspera de sua apresentação no referido programa de televisão, programa que foi um marco na cultura paranaense daquela época.

Também por esse tempo ensaiei um livro de pesquisa histórica, uma compilação: biografias colhidas aqui e ali de personalidades da Literatura, da História, da Ciência, das Artes, da Filosofia, trabalho que denominei "Reminiscências" — volumoso caderno que o tempo se encarregou de extraviar, infelizmente.

Ainda nessa pretensa esteira literária, outro ensaio, outra lembrança: nascia um registro que denominei "Das histórias que minha mãe me contou", uma coletânea de ocorrências da vida real da minha amada genitora e da sua família e de lendas e histórias que ela ouvira, tendo por cenário o estado de Santa Catarina — a serra catarinense, Anitápolis, onde ela nasceu e viveu até a juventude; os lugares por onde andou; os familiares, acontecimentos históricos como a marcha de Getúlio Vargas vindo das terras gaúchas, subindo em direção à então capital brasileira, o Rio de Janeiro, para tornar-se o presidente do País, na vitoriosa Revolução de 1930. Dizia minha mãe que a coluna, por onde passava, repetia o Grito do Ipiranga, "Independência ou Morte!", rememorando D. Pedro I. Pena que este breve ensaio também o perdi, durante a crise existencial adolescente.

Outro motivo eu tinha para fortalecer esse meu laço com a Literatura. Ao conviver, no Colégio Estadual do Paraná, com o teatrólogo e professor Telmo Faria (nome artístico de José Faria Moritz), com os textos que para ele tive a gratificante experiência de datilografar, alimentei algumas pretensões de escrever peças teatrais. Li e pesquisei aqui e ali; ensaiei alguns contos, perdidos no tempo. O Prof. Telmo conduziu histórico projeto — o GRUTA, Grupo de Teatro Amador do Colégio Estadual, que produziu peças famosas, como *O julgamento de Joana* (Joana d'Arc, a heroína francesa da Guerra dos Cem Anos), *A morte do caixeiro viajante*, de Arthur Miller; *A fadinha sapeca*, de Ana Maria Machado, textos que se me tornaram muito familiares, a cujas encenações assisti. Mais tarde, o Prof. Telmo transferiu-se para a Universidade Estadual de Ponta Grossa, onde prosseguiu sua exitosa carreira. Também ele foi para mim um mestre e um amigo na lida dos sonhos literários.

Enfim, o amor às letras expressa-se de mil modos. Do que restou, entrego ao público este modesto trabalho. Como dizem no meio literário, se ao menos uma pessoa o ler e dele colher proveito, já me sentirei recompensado e feliz pelo esforço despendido nesses últimos anos a que tenho me dedicado para estartar *Reflexos do bom combate*, definitivamente, do útero que já se faz por demais encanecido.

O autor

SUMÁRIO

EXPLICAÇÕES NECESSÁRIAS 33
ENCANTOS FEMINIS – 1966 37
LEMBRANÇA INESQUECÍVEL – 1967 39
VIETNÃ – 1968 41
CONSELHO – 1970 43
CORAGEM! – 1971 45
DOR AMIGA – 1972 47
VIVE NO BEM – 1972 49
MELODIA INTERIOR – 1972 51
LEI DO AMOR – 1972 54
ONTEM E HOJE – 1972 56
MEU LAR – 1972 58
ACRÓSTICO – 1972 60
PROGRESSO – 1973 62
DETALHES D'INVERNO – 1973 64
LOUVOR À VIDA – 1973 66
RENOVAÇÃO – 1973 68
ANOITECER – 1973 70
UNIÃO – 1973 72
DEIXA VIVER A VIDA – 1974 74
CHUVA NA TERRA – 1974 76
MENINO POBRE – 1974 78
MENINA DESCALÇA – 1974 80
VIVÊNCIA – 1974 83

MENINO DE FAVELA – 1974	85
VOCAÇÃO DE POETA – 1974	87
JOÃO CANSADO – 1974	90
VIVER – 1974	93
REFLEXÕES – 1975	94
CONVITE – 1975	96
EVOLUÇÃO E VERDADE – 1975	98
MÉDICO – 1975	100
TERRA-A-TERRA (... AINDA) – 1975	101
NATAL NO ORFANATO – 1978	104
SONHO DO HOMEM – 1980	107
BÊNÇÃOS DA VIDA – 1981	109
SOLIDARIEDADE – 1982	110
O SEXO – 1982	112
GRATIDÃO AOS CÉUS – 1982	114
TRABALHAR NO MUNDO – 1982	116
DESPERTE! – 1983	118
JORNADA TERRENA – 1983	121
MÃE HEROÍNA – 1984	123
TANCREDO-ESPERANÇA – 1985	124
LIBERTAÇÃO E ESPERANÇA – 1986	126
OBRIGADO, MULHER! – 1987	128
CENTRO ESPÍRITA – 1988	130
MÃE I – 1988	132
UMA VIDA E MUITAS HISTÓRIAS – 1989	135
POETAR, A SOLUÇÃO – 1989	139
PAI – 1990	140

EXÍLIO – 1990 142

ETERNO MAR – 1990 143

QUINZE ANOS – 1990 147

O MESTRE JESUS – 1991 149

TROVAS DE LUZ – 1991 152

CARNAVAL CHUVOSO – 1992 154

REMÉDIO DE DEUS – 1993 156

ILUSÕES – 1993 157

ESPERANÇA – 1993 158

DECLARAÇÃO DE AMOR AO COLÉGIO ESTADUAL DO PARANÁ – 1993 159

EXPIAÇÃO – 1993 166

AMOR – 1993 167

APELO – 1993 169

MAGIA DA NOITE – 1993 171

ARTE E VIDA – 1993 172

SAUDADE DE SER BOM – 1993 173

ÂNSIA SUPREMA – 1993 175

UMA ESPINHA ATRAVESSADA NA GARGANTA – 1994 177

AGOSTO, DIA CINCO – 1994 179

DIVÓRCIO – 1994 181

NOITE DE AMOR – 1994 183

ASTRO-REI DA POESIA – 1995 185

MÃE DE RECLUSO – 1995 186

BEM MAIOR – 1995 187

MORRER NO BOM COMBATE – 1995 188

"É POSSÍVEL REFORMAR AS PRISÕES?" – 1995 190

CORAGEM, IRMÃO PRESO! – 1996	194
MÃE II – 1996	197
CRUZ DE LIBERTAÇÃO – 1996	198
CASAMENTO, ANO 23 – 1998	200
LOIROS CABELOS – 1999	203
CURITIBANIZANDO O NOVO MILÊNIO – 1999	207
SALTO MORAL – 1999	209
JESUS ESTÁ NO LEME! – 1999	211
FRAN, FELIZ ANIVERSÁRIO! – 1999	215
MA, UMA AMIGA NO TEMPO – 1999	217
LIANA, NOSSA QUERIDA AMIGA – 1999	219
MARIA, DOCE MARIA – 1999	221
FELIZ ANIVERSÁRIO! – 1999	223
EU, GABRIEL – 1999	225
CURITIBA, CURITIBA! – 2000	227
CÉLIA – 2000	229
VIDA SEM FIM – 2000	231
CLAUDETE – 2000	232
SAUDADES – 2000	233
RETORNO À VIDA MAIOR – 2001	235
RIMAS DO COTIDIANO – 2001	237
MÃE – 2001	239
O 10º PARTO NACIONAL DO CBAS NO RIO DE JANEIRO E SUAS REFLEXÕES – 2001	240
BALANÇO DO ANOITECER – 2002	244
I LOVE – 2002	247
SER SUPREMO – 2002	249

LEMBRANDO ANA GENTIL – 2002	250
COMPROMISSOS DE VIDA – 2002	252
VIDA – 2003	254
MULHER HOJE – 2003	256
SUBLIMAÇÃO I – 2004	260
SUBLIMAÇÃO II – 2004	262
MI AMIGA Y SU MUNDO ENCANTADOR – 2004	264
GRATIDÃO À MÃE! – 2005	266
O LIXÃO – 2005	268
AO CASAL DE OURO DA EDUCAÇÃO ESPÍRITA EM CURITIBA – 2006	270
REFLEXÃO DE MÃE ADOLESCENTE – 2008	273
SALVE O KARDEC BRASILEIRO! – 2008	275
EPOPEIA DE UM EDUCADOR ESPÍRITA – 2009	277
SEMEADOR – 2009	283
EM RECLUSÃO – 2009	287
TODOS DE DEUS – 2010	289
GRATIDÃO **– 2010**	290
"SAUDADE É O AMOR QUE FICA" – 2010	292
SUBLIMES ENCARGOS – 2010	294
VIVER E NÃO MORRER! – 2011	296
NÃO HÁ MORTE (INFINITUDE) – 2012	298
GRATIDÃO EM VERSOS – 2013	300
POESIA DO DIA A DIA I – 2013	303
POESIA DO DIA A DIA II – 2013	305
ESCRAVIDÃO DO SÉCULO XXI – 2014	307
QUERIA SER POETA – 2014	310

DEPOIS DA TEMPESTADE – 2014 312

MEU AMOR! – 2014 314

CONSTRUINDO A CIÊNCIA, A TECNOLOGIA E A INOVAÇÃO POR MEIO DAS UNIVERSIDADES ESTADUAIS PÚBLICAS: TRAJETÓRIA DE UM GESTOR – 2014 315

EDUCAÇÃO E TRANSFORMAÇÃO – 2014 320

NOSSO PASSEIO A CASTRO – 2015 322

SAUDAÇÕES AO GRANDE MESTRE! – 2015 325

O BARÃO HERÓI DO PARANÁ – 2015 328

REFLEXÕES DO ÚLTIMO MINUTO – 2015 330

AYLAN SHENU – 2015 332

GRATIDÃO – 2015 335

DR. BEZERRA DE MENEZES, ANO 115 – 2015 337

ACRÓSTICO PARA ANA LUÍZA – 2016 339

UMA FESTA UNIVERSITÁRIA DE PRIMEIRA: UNICENTRO, 4 DE FEVEREIRO! – 2016 341

A MULHER E O HOMEM – 2016 343

EMOÇÕES DA PRIMAVERA – 2016 346

PROVAÇÕES – 2017 348

ACRÓSTICO DA AMIZADE PURA – 2017 350

A AMIZADE – 2017 352

ACRÓSTICO DE GRATIDÃO – 2017 355

PARTIU VALE EUROPEU CATARINENSE! – 2017 357

PARTIU MATA ATLÂNTICA DO LITORAL! (Crônica paranaense em quase-poema) – 2017 361

SER PAI – 2017 365

UNIOESTE 45 – 2017 368

PROTAGONISTAS DA MATURIDADE – 2017 372

UM CASAMENTO À HOLLYWOOD – 2017	376
ANOITECER DE ESPERANÇAS – 2018	381
TESOURO D'ALMA – 2018	384
HISTORIADOR – 2019	386
SAUDAÇÃO AO I ENCONTRO PARANAENSE DAS UNATIS (I EUTI) – 2019	388
ENCONTRO FRATERNAL DA SUPER SETI 2019 – 2019	390
VITORIOSO CAMINHANTE! – 2019	393
EVOLUÇÃO REAL – 2019	395
LORENZO, BEM-VINDO AO PLANETA ALEGRE! – 2019	397
DIVINA UNIÃO – 2020	399
UMA FESTA ESPÍRITA – 2020	401
A PANDEMIA I – 2020	404
A PANDEMIA II – 2020	405
SUAVE DESPERTAR – 2020	408
ENVELHECENTES – 2020	410
MATURIDADE NA PANDEMIA 2020 – 2020	412
MÃE, EU TE AGRADEÇO – 2020	416
LORENZO – 2020	419
NÁUFRAGOS AGRADECEM – 2020	420
OITO DE MARÇO! – 2021	423
SAGA FAMILIAR – 2021	425
NOITE PANDÊMICA – 2021	432
MORO NA RUA – 2021	434
POSFÁCIO – SOBRE A POESIA DE JOSÉ MAIA	436
REFERÊNCIAS	443
CRÉDITOS	447

EXPLICAÇÕES NECESSÁRIAS

O autor dos poemas que constituem esta obra literária, *Reflexos do bom combate ou memórias cinquentenárias de um poeta bissexto – antologia poética inovadora*, acha-se no dever de explicar que diversas citações pertinentes a datas que remetem a notícias e acontecimentos ocorridos no Brasil e no Mundo e que se encontram em forma de legenda, após a data de cada poema, são citações retiradas, em sua maioria, da Wikipédia, definida nos termos a seguir, cujo teor foi igualmente extraído eletronicamente dos verbetes "Wikipédia" e "GNU FDL", conforme acesso feito em 22/02/2015.

Registre-se também que as mencionadas referências são aquelas constantes das páginas da Wikipédia que se apresentavam nas datas dos acessos feitos em 03/01/2015, 16/02/2015 e em outras datas mais recentes, quando o autor buscou notícias e acontecimentos do Brasil e do Mundo mediante a indicação dos anos do nosso calendário. A primeira referência é sempre do próprio autor; é uma criação sua, pessoal. As duas referências seguintes são, em geral, as extraídas da Wikipédia. Por exemplo:

1972

→ *Autodescobertas*: renovação do "homem velho" que se transforma.

→ Brasil: 24 de julho. O governador de São Paulo Laudo Natel e o reitor Miguel Reale, da Universidade de São Paulo, inauguram o primeiro computador brasileiro e também o primeiro da América do Sul.

→ Ano Internacional do Livro, pela Organização das Nações Unidas (ONU).

É oportuno mencionar o que seria a Wikipédia, neste momento em que o planeta é, em sentido lato, a "aldeia global", conforme sugeriu McLuhan há mais de 50 anos. A meu ver, o mundo é uma "pequena oca" (habitação indígena brasileira): o conhecimento universaliza-se com a velocidade da luz, e todo mundo se torna senhor das coisas em tempo real, independentemente de território, época, bastando para isso ter acesso a meios de comunicação baseados na tecnologia de comunicação e informação (TCI), como computador, telefone celular e outros equipamentos que surgem a cada momento.

Assim, transcrevo o que seria a Wikipédia, conforme textos colhidos na data de 22/02/2015, no verbete "Wikipédia", acessado por meio do Google:

→ *Wikipédia é uma enciclopédia online totalmente aberta e gratuita, seu conteúdo pode ser editado, ou acrescentado por qualquer pessoa, com isto ela recebe atualizações constantes, assim como revisões.*

→ *O site é um trabalho colaborativo na Web, em constante expansão e aprimoramento, com os leitores criando páginas acerca de seus interesses, comentando páginas antigas, propondo páginas novas, etc.*

→ *Uma característica notável das ferramentas Wiki é a facilidade de edição e a possibilidade de criação de textos de forma coletiva e livre, assim como se faz na Wikipédia e em outros projetos que utilizam Wikis.*

→ *Você pode se tornar um Wikipedista, que são pessoas que participam ou participaram ativamente na construção e edição de artigos da Wikipédia em língua portuguesa, para isso basta se cadastrar no site.*

→ **Melhor resposta:** *Wikipédia é uma enciclopédia multilíngue on-line livre, colaborativa, ou seja, escrita internacionalmente por várias pessoas comuns de diversas regiões do mundo, todas elas voluntárias. Por ser livre, entende-se que qualquer artigo dessa obra pode ser transcrito, modificado e ampliado, desde* que preservados os direitos de cópia e modificações, visto que o conteúdo da Wikipédia está sob a licença GNU/FDL (ou GFDL).

Também é necessária a compreensão do que seja a licença citada:

→ GNU Free Documentation License (português: Licença GNU de Documentação Livre) é uma licença para documentos e textos livres publicada pela Free Software Foundation. É inspirada na GNU General Public License, da mesma entidade, que é uma licença livre para software. A GNU/FDL permite que textos, apresentações e conteúdo de páginas na internet sejam distribuídos e reaproveitados, mantendo, porém, alguns direitos autorais e sem permitir que essa informação seja usada de maneira indevida. A licença não permite, por exemplo, que o texto seja transformado em propriedade de outra pessoa, além do autor ou que sofra restrições a ser distribuído da mesma maneira que foi adquirido.

→ Uma das exigências da FDL é que o material publicado seja liberado também em um formato transparente para melhor se poder exercer os direitos que a licença garante.

→ As licenças do Projeto GNU têm o respaldo legal da constituição dos EUA, por terem sido publicadas pela Free Software Foundation, e são válidas em todos os países que aceitam o acordo internacional de respeito a patentes e direitos autorais.

→ O primeiro rascunho da FDL foi divulgado no final de 1999 e após algumas revisões a versão 1.1 foi lançada em março de 2000. A versão 1.2 foi lançada em novembro de 2002 e a versão atual, 1.3, foi lançada em novembro de 2008.

→ Selo GFDL - Desde que uma cópia de si mesma seja incluída, a GNU FDL permite explicitamente a qualquer usuário do item sob ela licenciado copiá-lo literalmente e distribuir essas cópias, inclusive recebendo compensação monetária por elas; permite ainda locá-las e exibi-las publicamente. Impõe, porém, uma série de exigências e obrigações, como a de disponibilizar uma cópia transparente do item, acima mencionada. Ela proíbe *que se utilizem meios técnicos para impedir que pessoas que tenham acesso a qualquer cópia do item usufruam dos mesmos direitos que quaisquer outros.*

→ *Versões modificadas do item também podem ser incluídas, desde que o autor da modificação concorde em também licenciar a versão modificada pela GNU/FDL.*

O autor

ENCANTOS FEMINIS

Ó mulheres que com vossos
Encantos puros e naturais
Fazei brilhar os olhos nossos,
Por que pinturas quereis mais?

Sois belas e admiradas
Como fadas-mães, almas puras,
Por que serdes mais desejadas
A ponto de causar loucuras?

Não! Ficai com os encantos oriundos
Tais como do Supremo os recebestes,
Então sereis em nosso mundo
Altivas rainhas celestes!

1966

→ Autodescoberta: "mãe, eu sei fazer poesia!". Quarta série do curso primário. Aprendiz de datilografia no escritório do advogado Dr. Francisco Bleggi Júnior, após encaminhamento de sua esposa e professora de Português e História, Zilda Corso Bleggi, no Grupo Escolar São Paulo da Cruz, anexo à Igreja Católica de Bom Jesus do Cabral, em Curitiba. Morávamos, meus pais, meus irmãos e eu, numa favela (hoje talvez se denominasse "invasão"), em Curitiba, área entre a Avenida Anita Garibaldi e a Avenida Paraná, bairros Ahú e Cabral, fundos da Prisão Provisória de Curitiba, hoje desativada. Área, aliás, litigiosa, cujo domínio a Justiça definiu definitivamente como sendo da Previdência Social e da Justiça Federal. Eu não sabia que era feliz!

→ *3 de outubro: o general Costa e Silva, candidato da Arena, foi eleito presidente pelo Congresso Nacional do Brasil.*

→ *13 de setembro: o presidente Humberto de Alencar Castelo Branco sanciona a lei de criação do Fundo de Garantia por Tempo de Serviço (FGTS).*

LEMBRANÇA INESQUECÍVEL

À querida **Prof.ª Regina Maria Michelotto** dedico esta minha poesia, com todo o amor e carinho. Seu ex-aluno, que jamais a esquecerá.

Pelas galerias sombrias de minha memória
Haverá sempre uma luz a brilhar,
Lembrando uma pessoa querida
Que me ensinou a lutar!

Que me deu o início da vida,
A fé, a esperança e o amor!

Esta criatura tão bela
Eu jamais esquecerei,
Pois ela ficará em minha mente
Como a bandeira da paz a tremular!
Lembrando o bem que ela me fez
E que eu não posso pagar!

Ela foi minha mestra
Que lecionou com amor,
Dando sempre a coragem
E ser homem de valor!

Eu sentia-me feliz ao vê-la
Ensinar tão bem todos nós,
Sempre com o meigo sorriso
De mestra e querida amiga!

O nome dessa inesquecível criatura
É Regina Maria,
Nome que em minha mente
Só dará alegrias!

1967

→ *Primeiras emoções, traduzindo sentimentos de gratidão, a pessoas-faróis na vida do ser. Entrei para o Colégio Estadual do Paraná, após ser aprovado no Exame de Admissão ao Ginásio, pelas mãos da Prof.ª Regina Maria Michelotto, que lecionava Matemática, Geografia, Ciências e Religião no Grupo Escolar São Paulo da Cruz, no qual concluí o curso primário. Ela e a Prof.ª Zilda Corso Bleggi me prepararam para esse exame, que equivalia a um vestibular de hoje. Nesse mesmo ano, também me tornei funcionário do Colégio Estadual, como datilógrafo da Diretoria-Geral, pelas mãos do Prof. Ernani Costa Straube, então diretor-geral, em cuja residência trabalhou minha mãe, Lídia — feliz conexão para esses laços eternizados no tempo.*

→ *O governo brasileiro estabeleceu a meta de alfabetizar 23 milhões de pessoas, em oito anos, pelo Movimento Brasileiro de Alfabetização (Mobral).*

→ *A Bolívia declarou oficialmente a morte de Ernesto "Che" Guevara, um ícone a ser lembrado por tempos afora, no mundo todo, junto de admiradores de suas lutas, seus sonhos e ideais e de opositores.*

VIETNÃ

O Vietnã é um campo de batalha
Pintado pelo sangue dos homens
Onde só se ouve o som estarrecedor da metralha
Que os derruba e da face da terra eles somem...

Dia a dia aproxima-se o terrível fim
Daquela parte oriental agonizante,
Onde ninguém jamais tocará o clarim
Da vitória, que soará a música triunfante...

Homens, mulheres, crianças inocentes
São trucidados pela horda de criminosos
Que não guardam a pátria como combatentes
Mas como bonecos terroristas que não têm olhos...

[....] *[Trecho esquecido, perdido no tempo, na memória...]*

Onde ninguém jamais carregará a medalha da glória!

1968

→ *Meus 15 anos. Ganhei um Technos dourado, relógio de pulso famoso na época, presente do Coral do Colégio Estadual do Paraná, por iniciativa da Prof.ª Lavínia Maria Costa Straube, mais tarde minha madrinha de casamento, com seu marido, o Prof. Ernani Costa Straube. Nesse período (1968-1969), tive o privilégio de declamar poesias no programa de televisão "Pingos de Saber", produzido pelo Colégio Estadual do Paraná, apresentado pelo Prof. Inami Custódio Pinto, que se notabilizaria como folclorista e músico paranista. O programa, possivelmente, foi o primeiro de televisão educativa do Paraná, quiçá do Brasil. "Língua portu-*

guesa", de Olavo Bilac, foi o primeiro poema que apresentei, por feliz sugestão dos Profs. Inami e Antonio dos Santos Filho, este um mestre enciclopédico da disciplina de História. Preocupações profundas de um tupiniquim adolescente com a tragédia mundial das guerras: nessa época, organizei (depois o destruí porque me infligia muito sofrimento) um álbum de recortes de jornais sobre a Guerra do Vietnã, mantida pelos Estados Unidos no continente asiático. A guerra lá fora, no outro lado do mundo, mexendo com todo mundo — os Beatles, a Jovem Guarda brasileira — e o ser autor. [Poema classificado no I Concurso Lítero-Musical do Grêmio Estudantil do Colégio Estadual do Paraná (GECEP), 1968].

→ O general Costa e Silva, presidente brasileiro, veio visitar o Paraná. O autor, aluno do Colégio Estadual do Paraná, sentado sobre mureta da sede da Federação das Indústrias do Paraná/Sesi, no Centro Cívico (Avenida Cândido de Abreu), contemplando o grandioso desfile cívico-militar e preocupado com o Brasil. O governo brasileiro baixa o Ato Institucional n.º 5, que ficará na história como norma jurídica referencial do recrudescimento do regime político, chamado mais tarde de "ditadura militar". Congresso da União Nacional dos Estudantes (UNE), em Ibiúna (SP): presos todos os estudantes que participaram do evento. Um estudante, no Rio de Janeiro, morreu em decorrência de manifestações contrárias ao governo; o País comoveu-se; até eu, insignificante voz, chorei ao ler as notícias de jornal. Nasceu a revista Veja, nesse ano. Semanalmente, o Andretta, funcionário do turno da manhã do CEP, tinha um exemplar em mãos, que eu devorava, como outras tantas pessoas.

→ Ano Internacional dos Direitos Humanos, pela Organização das Nações Unidas (ONU). Invasão da Tchecoslováquia, pela Rússia. Movimento estudantil em Paris, com protestos que ecoaram mundo afora; em Praga, Tchecoslováquia, igual manifestação sufocada por tanques russos. Tal foi a importância dos acontecimentos de então, no cenário internacional e no Brasil, que se criou o epíteto "o ano que não terminou".

CONSELHO

Jovem, tu que vives em sonhos mergulhado
e em espessas nuvens divisas teu futuro,
ouve este amigo e sincero recado:
apenas começaste a viver... Outros muros

encontrarás pela estrada... Não desanima!
Sê forte e luta! Encara o mal com o bem! Ama,
mesmo que não sejas amado, e cristalinas
graças te acolherão no caminho! Toda a trama

da vida se desfará um dia, quando concluíres
que a vida sem derrotas e sem dissabores
não faria verdadeiros homens nem mártires!

Dá e nada pede, ama e sofre, luta e sorri,
ajuda ao próximo e serve a Deus! Os valores
teus, no fim, te farão dizer: "em vão não vivi!".

1970

→ *Nessa época, eu queria escrever minhas memórias (?!), coisa de adolescente. Em 1969, saímos da favela, erradicada pela Prefeitura de Curitiba. Fomos morar no Núcleo Social IV, municipal, na Vila Krasinski, Abranches. Entrei, em 1º de abril, no Instituto de Pesquisa e Planejamento Urbano de Curitiba (IPPUC), na função de datilógrafo, por apoio da Prof.ª Leonilda Aurichio, diretora do turno da tarde do Colégio Estadual do Paraná. Sua irmã, a engenheira Dr.ª Dulcia Auríquio, falara-lhe de vaga nessa área e de processo seletivo, para o qual fui convidado a participar.*

Aprovado, vivi marcantes experiências na mais tarde denominada, pela imprensa curitibana, "Sorbonne do Juvevê", tal era o conceito de que gozava o instituto. No IPPUC, atuei durante os seis anos em que lá estive como secretário do Conselho Deliberativo, presidido pelo chefe do Poder Executivo municipal. Pude assim servir ao prefeito Omar Sabbag, em cuja gestão foi iniciada uma série de reformas em nossa capital. Ele me chamava "secretário", assim como o Prof. Ricardo José Koch, do Colégio Estadual, que lecionava Desenho e Pintura, com sua esposa, a Prof.ª Emma Koch. Em janeiro daquele ano, participei do 7º Acampamento Regional de Santa Catarina (7º ARSC), com escoteiros brasileiros e estrangeiros, ao lado da Lagoa da Conceição, em Florianópolis; duas semanas de experiências significativas. Uma das consequências dessa atividade escoteira inesquecível foi corresponder-me por uns três ou quatro anos com uma bandeirante (hoje chamada escoteira) que então conheci. Poema composto no Gabinete da Direção-Geral do Colégio Estadual do Paraná, durante o intervalo do almoço: crise existencial e autoiluminação.

→ O Brasil sagra-se tricampeão mundial de futebol — uma glória que mexeu com todos nós brasileiros! Vi o jogo na telona do Barriqueiros do Ahú, nosso importante cinema do bairro; era uma tarde de domingo.

→ A Itália aprova o divórcio.

CORAGEM!

Quando sentires
a amarga derrota
interceder-te o caminho,
e vires
que ela te levará à decadência,
que sucumbirás,
que te envolverás com lama,
ergue-te, tal como o canhão aterrador
que enfrenta o inimigo.

Luta! Luta contigo mesmo!
Vê os teus erros, tuas falhas,
e envolve-te na batalha
com ardor,
e vencerás,
e triunfarás!

Não esmoreças!
Os fortes não recuam – sorriem!
Não desanimam – lutam!
Sê tu assim, e serás feliz.

És jovem, goza a tua mocidade,
enfeita-a de flores
e amores.
Ensina o bem, repugna o mal,
pois tal
ato te redimirá.

E Deus, que bendiz
os que O buscam,
te amparará.

Procura ser puro
e terás meritório futuro!

1971

- → *Tremenda luta interior, na busca pelo autoconhecimento: quem sou eu? Na viagem de retorno de um acampamento escoteiro, anoitecer de domingo, iniciaram-se para mim os primeiros fenômenos mediúnicos, que me levariam ao conhecimento do Espiritismo. Entre dúvidas próprias e opiniões amigas, o Prof. Leonid Kipman, do Colégio Estadual do Paraná (diretor do turno da noite, docente de Inglês, tradutor, russo nascido em Moscou e radicado em Curitiba), seria a bússola segura em cujo norte me sustentei. Sua filha, Ângela, havia sido minha professora de Inglês; e seu filho, Igor, meu chefe escoteiro; muito devo a esses nobres amigos pelas experiências de vida que me proporcionaram.*

- → *17/09/1971 – Carlos Lamarca, militar brasileiro considerado desertor do exército e guerrilheiro, é morto no sertão baiano.*

- → 11 de fevereiro: Estados Unidos, Reino Unido, União Soviética e outros países assinam um tratado sobre não proliferação de armas nucleares.

DOR AMIGA

Pelos campos
Em que vaguei
nada
encontrei.
Um dia
co'o vício
deparei.
Um mundo
de dores
então
penetrei.
Quando,
porém,
o sonho
ignóbil
se desfez,
busquei
algo maior
e um mundo
de alegrias
encontrei.
Bendita
seja
agora
a dor
que renova
o ser

milenar!
Abençoado
o espinho
que mostra
novos
caminhos
na rota
poeirenta
do homem
senil!
Bendita
sejas
tu,
ó dor!

1972

→ *O autor continua a luta interior pelo autoconhecimento, pela descoberta de si mesmo. Comecei a frequentar a Mocidade Espírita Obreiros do Bem, do Centro Espírita Luz Eterna: convivência com a espiritualidade, a juventude estudantil e universitária; muitos desses novos amigos eram moradores da Casa do Estudante Universitário (CEU), situada ao lado do Colégio Estadual do Paraná. Na CEU, novos horizontes desdobraram-se a mim, na área cultural, até mesmo: eu era leitor dos seus murais de notícias; no restaurante (RU) da importante instituição eu fiz minhas refeições durante longo período, nos anos 1970.*

→ *O jornal* Folha de S. Paulo *publica em setembro de 1972 apostilas para o Exame de Madureza do 1º e 2º graus de ensino, mais tarde tornado Exame Supletivo.*

→ Os Jogos Olímpicos de Munique, Alemanha, são tragicamente marcados por atentados terroristas.

VIVE NO BEM

Deixa que a luz
flua de ti
em direção
à humanidade!
Prossegue
cantando,
esparzindo
gotas de amor!
Seja teu perfume
o odor suave
de irradiação
da tua essência!
Ama e canta,
padece e ora,
trabalha e confia,
estuda e vive!
Entrega-te
ao Mestre Jesus!
Não te afastes d'Ele
nem um só segundo!
Usa da luz
que o Pai te confiou!
Dá do que tens
a tudo e a todos
em todo o tempo
e lugar!
Se a tua vida

era vazia,
encher-se-á
de eflúvios de paz!
Porque
só pelo amor
evoluiremos
de alma tranquila
em direção
ao porvir!

1972

→ *Autodescobertas: renovação do "homem velho" que se transforma. Premiado um trabalho literário meu ("O Brasil na época da sua independência"), em concurso da Biblioteca Pública do Paraná. Prêmio, comemorativo do Sesquicentenário da Independência brasileira: viagem a Foz do Iguaçu, três dias, e um certificado; hospedagem no famoso Hotel San Martin. Temperatura acima de 30 graus: um suplício agora comum em Curitiba.*

→ *24 de julho: o primeiro computador brasileiro, construído por uma equipe da Escola Politécnica da Universidade de São Paulo, e o primeiro da América do Sul é inaugurado pelo governador de São Paulo Laudo Natel e pelo reitor Miguel Reale.*

→ *Ano Internacional do Livro, pela Organização das Nações Unidas (ONU).*

MELODIA INTERIOR

A música que ouço
nos recônditos d'alma
me fala de terno amor...
De amor pela humanidade,
pelo mendigo que vagueia,
pela criança abandonada,
pelo cego que caminha
às tontas pela estrada,
pelo encarcerado solitário,
pelo velhinho sem ninguém,
pelo jovem senil
que não entrevê a luz,
pelos que sofrem por amor
amando e sendo odiados,
pelos que jazem no leito de dor
sem palavra amiga e conforto,
pela mãe que se desgasta
no trabalho honesto do dia a dia,
pelos que procuram a alegria
em coisas fúteis ao léu,
pelos que bradam em revolta
contra tudo e contra todos,
pelos que trazem na face
a máscara infeliz da dor,
pela jovem mãe solteira,
pelo amante incompreendido,
pelo que canta a morte,

pelo que sofre perseguição,
pelo que trabalha e não produz,
pelo que estuda e nada vê,
pelo que chora desilusão,
pelo que se detém na treva,
pelo que ama a noite fria,
pelo que se prostitui,
pelo que não sabe lutar,
pelo que cai e não entende,
pelo que sobe e não ama,
pelo que prega amor e mata,
pelo que busca correção
e se deixa levar pela tentação,
pelo que chora sem pão,
pelo que esmaga o irmão,
pelo que fomenta a guerra
e treme diante do canhão,
pelo que corrompe a cultura...
A música que ouço, Senhor,
digno não sou de ouvi-la,
porque, como eles – meus irmãos –
também requeiro renovação.
Mas creio firmemente
que amanhã,
como ontem e hoje,
comigo Tu estarás...

1972

→ *Prossegue o autor com suas autodescobertas, lutas interiores, conquistas nobres. Conheci em fevereiro a Claudete, minha futura esposa. Coincidência feliz: eu já conhecia a mãe dela, a senhora Licya Millaki Andreatta, funcionária do Colégio Estadual do Paraná, "a tia da pizza e do cachorro-quente" — minha futura sogra, que por mais de 40 anos serviu ao, para mim, sempre amado colégio e templo do saber.*

→ *26 de junho: Comitê Interamericano da Aliança para o Progresso elogia os avanços econômico e social no Brasil e sugere que organismos internacionais continuem apoiando o desenvolvimento brasileiro.*

→ *O presidente americano Richard Nixon e Leonid Brejnev, da União Soviética, assinam o Salt-1, o primeiro tratado destinado a limitar armas nucleares.*

LEI DO AMOR

Nas dádivas singelas
da vida que s'escoa
reconhecemos tesouros
de valor sem par.

Sabemos agora
que o Deus de Amor
é Pai Bondoso
que tudo concede
aos filhos-aprendizes.

Compreendemos hoje
que o sonho d'outrora,
de posses mil
no reino da matéria,
é pura fantasia
da humanidade arredia
que foge da Cruz.

Livros e conhecimentos,
pesquisas e experimentos,
laboratórios e aparelhos,
ciência e filosofia não bastam...

Se em nosso coração
não vive a caridade
e o amor puro e santo

a que Jesus nos concita,
tudo é mera relíquia,
estéril, inútil,
que amanhã
acaba no museu.

Amemos, pois!

1972

→ *No dia 6 de fevereiro, domingo de sol, conhecemo-nos, a Claudete e eu, numa festa da Igreja Santa Gema Galgani, na Barreirinha; ao sair de casa, eu disse: "Mãe, vou achar uma esposa". Estava escrito! No processo de autodescoberta, mergulhos no passado para as necessárias vivências, missões e tarefas a realizar.*

→ *19 de fevereiro: pela primeira vez no Brasil é transmitido um evento público pela televisão em cores, a Festa da Uva, em Caxias do Sul, aberta pelo presidente Emílio Garrastazu Médici.*

→ *Richard Nixon visita a China. É a primeira vez que um presidente norte-americano o faz, depois da Revolução de 1949, conduzida por Mao Tse-Tung.*

ONTEM E HOJE

Senhor,
olhei minh'alma
manchada e impura
no vício,
no erro,
e clamei-Te
em lágrimas
– perdão,
auxílio,
renovação,
trabalho...

Eu, Senhor,
que não cria
no Teu amor,
renovei-me.

Hoje tenho vontade
de construir,
de ajudar...

Seja esta prece
feita com o coração
banhado de alegria,
um marco de luz
nesta nova via.

Que a Tua bondade
me conceda, Senhor,
o esforço no Bem,
a luta pelos outros,
o olvido de mim mesmo...

Os espinhos
e calhaus
que me provem sempre...

A energia do espírito
edifique,
ilumine
e irradie luz
por onde eu passar...

1972

→ *É preciso coragem e autocontrole, disciplina e perseverança para avançar.*

→ *24 de fevereiro: incêndio no Edifício Andraus, em São Paulo, capital, com 16 mortos e 330 feridos, tragédia que virou filme.*

→ *Nos cinemas causa impacto O Poderoso Chefão, de Francis Coppola. Na vida real, o húngaro Laszlo Toth depreda a escultura Pietá, de Michelangelo, no Vaticano.*

MEU LAR

Viajor...
Dura lida essa!

Mas como é bom
no suor d'andança
topar c'o verde
das palmeiras!

A brisa fresca
e a sombra amena
dum recanto
de luz!

A água pura
e nutriente
que revigora
energias!

O canto suave
dum canário
sem pátria!

Como é bom
ter onde dormir,
com que sonhar
e prosseguir!

Renovar,
sorrir
e seguir
a cantar!

Meu lar
– oásis de paz!

1972

- → *A poesia constitui instrumento terapêutico, catártico, tornando melhor o ser.*
- → *10 de setembro: Emerson Fittipaldi conquista o primeiro título de campeão mundial de Fórmula 1 após vencer o Grande Prêmio da Itália.*
- → *Conferência das Nações Unidas sobre Meio Ambiente, Estocolmo, Suécia.*

ACRÓSTICO

*À **Claudete Andreatta***

C isterna de amor que o meu ser abastece,
L uz poderosa que me guia pelas sendas da vida,
A mo-te, com o amor puro e verdadeiro
U ngido na fé e na esperança do Cristo!
D epois que te deixo, sinto-me só
E saudoso de ti.
T udo se me torna triste
E nebuloso como dia sem sol.

M eu amor, querida da minh'alma,
E m ti concentro minhas esperanças!
U m dia estaremos realizando os sonhos

A calentados na infância, hoje maduros!
M ais do que isso – seguiremos juntos
O sculando a cruz luminosa de nossas vidas,
R umo ao Mais Alto, às alegrias da vida familiar!

1972

→ *6 de fevereiro de 1972: autoencontro, encontro, reencontro; sonhos de duas vidas num projeto conjunto; reencontramo-nos, Claudete e eu. Domingo de festa, à tarde, na Igreja Santa Gema Galgani, na Barreirinha. Ao som de "Arrebita", de Roberto Leal. Ao sair de casa, eu disse: "Mãe, vou achar uma esposa".*

→ *19 de fevereiro de 1972: realiza-se a primeira transmissão de televisão em cores no Brasil. Em abril desse ano inicia-se a Guerrilha do Araguaia, no sul do Pará.*

→ *5 de setembro de 1972: Massacre de Munique, também conhecido como Tragédia de Munique. Atentado terrorista ocorrido durante os Jogos Olímpicos na Alemanha, quando 11 integrantes da equipe olímpica de Israel foram tomados de reféns pelo grupo terrorista palestino Setembro Negro. Até hoje, é o maior atentado terrorista já ocorrido em um evento esportivo.*

PROGRESSO

Vibra a alma em emoções mil,
num concerto interior, intraduzível...
Melodias ecoam pelo espaço
em cadência de hino sacro.
As águas se aglutinam na garganta
e despencam do alto,
produzindo sons de canhão
em constante ribombar...
Perfumes de matizes vários,
em embriagante hipnose,
inundam a vastidão do ar...
O suor do trabalho
é quinhão de guerreiro
ao final da batalha.
O esforço do estudo
é energia vital
a incendiar a treva.
A essência do amor
é alimento diário
ao espírito em evolução.
Por toda parte
um canto de coragem
rasga as limitações.
Aproximam-se os dois planos
e o espírito dialoga
com o prisioneiro.
Quebram-se os laços
do milenar segredo
da vida no além...

1973

→ Assistente administrativo no Instituto de Pesquisa e Planejamento Urbano de Curitiba (IPPUC); o arquiteto Jaime Lerner tornou-se prefeito de Curitiba. Tive o privilégio de participar, como datilógrafo (hoje seria digitador), de inúmeros textos que compuseram o seu vasto conjunto de projetos importantes para nossa cidade: avenidas estruturais, ônibus expresso, parques, praças, o Teatro do Paiol, a Rua das Flores, o Centro de Criatividade/Parque São Lourenço... O conhecimento espiritual predomina nas autodescobertas, e o ser vive intensamente temas como reencarnação, transcendência, autoconhecimento, espiritualidade.

→ Brasil: o "milagre econômico" do governo Médici proporciona realizações públicas pautadas em obras de infraestrutura física, como rodovias.

→ Mundo: queda de avião brasileiro em Orly, França, provoca a morte de 122 pessoas, entre as quais políticos, artistas e personalidades diplomáticas.

DETALHES D'INVERNO

Campo coberto
de geada.

Fechadura emperrada.

Água parada
e endurecida.

Folha morta,
estirada
na relva ofendida.

Ponteiro cansado,
enferrujado.

Voz rouca,
gritante,
arrastante.

Perna reumática,
inchada,
conduzindo
sem compasso
o corpo
quebrado,
alquebrado,
sofrido.

Criança descalça,
de avental branco,
rumante à escola,
tremendo de frio.

Couro torcido
de sapato velho
do ancião,
coitado,
que marcha
esfomeado
pela estrada,
na manhã hibernal.

1973

→ *Busca de conhecimento espiritual mais amplo leva o autor à participação no movimento espírita jovem, pelo qual se iniciam sólidas amizades com estudantes universitários moradores da Casa do Estudante Universitário de Curitiba, a CEU. Primeiro ano do segundo grau, no Colégio Estadual do Paraná, curso de Assistente de Administração. Eu, que já odiara a Matemática, vivia agora com o livro do Bezerra embaixo do braço — no ônibus, no cinema –, estudando a ciência dos números... Graças ao Iguatemi, acadêmico de Matemática, companheiro espírita, que durante o mês de férias (julho) nos dera aulas gratuitas, a mim e a amigos, despertando nosso gosto pela matéria.*

→ *O general Ernesto Geisel filia-se à Arena, partido político do governo, para concorrer à Presidência da República.*

→ *Golpe de Estado no Chile: morre o presidente Salvador Allende e é alçado ao poder o general Pinochet.*

LOUVOR À VIDA

Tudo na vida é beleza e luz!
Do verme que habita
o corpo em decomposição
à estrela que cintila
na escuridão do espaço!
Da flor que perfuma
o pântano lodoso
aos mundos que giram
no infinito do Universo!
Tudo revela
a sabedoria do Criador!
A dor que carregamos,
o óbice que enfrentamos,
o livro que instrui,
o lar que nos acolhe
são bênçãos de Deus
ao espírito revel,
convidado à oração
e à paz do trabalho!
Ninguém vive só,
não há morte nem final.
O casebre sem lume
é amparado carinhosamente!
O palácio luxuoso
é dirigido paternalmente!
Em toda parte
Deus nos fala

da Sua sabedoria,
da Sua justiça,
do Seu inesgotável amor
para com toda a criação!
Louvemos a Vida,
amando a tudo,
a todos oferecendo
o sorriso da alegria,
a luz do trabalho,
a serenidade da paz!

1973

→ Os autodiálogos prosseguem, propiciando novas mudanças, amadurecimento psicológico, compreensão positiva da vida. Nesse ano, a convite do Marcelo Greca, meu ex-colega de ginásio no Colégio Estadual do Paraná, passei a trabalhar com crianças, na Evangelização Infantil do Centro Espírita Trabalho, Solidariedade e Tolerância, instituição em que me encontro até hoje e que tem sido, para mim, "escola, templo, oficina, hospital e lar".

→ O ministro das Relações Exteriores do Brasil Mário Gibson Barbosa discursa na ONU sobre temas de interesse amplo a todos os países-membros.

→ Na Argentina, Juan Domingo Perón elege-se presidente.

RENOVAÇÃO

Ao teu redor tudo se renova:
a árvore, com novas folhas,
o jardim, com flores mais belas,
a cidade, com ruas mais bonitas,
o pássaro, com novo ninho,
a tua casa, com nova pintura,
a paisagem, com outros encantos,
o céu, com nuvens diferentes,
a praça, com nova imagem,
o campo, com novo aroma,
tu mesmo, com nova roupagem...

Renova tu também
a tua alma:
faze com que cada dia
passe ela pelo buril lapidador.
Aprimora-a sempre!

Recorda que
se renovares tu'alma,
tudo ao teu redor
se renovará!
Verás o sol cada hora
com diferente matiz
e, principalmente,
serás a cada instante
um ser consciente,
construindo sua trilha
de eterno progresso!

1973

→ Vencendo timidez e tibieza, o autor avança com maior segurança no rumo da autoconquista.

→ O Brasil procura soluções para seus problemas econômicos recorrendo ao Fundo Monetário Internacional (FMI) reunido em Nairobi, Quênia, no continente africano.

→ Henry Kissinger, Secretário de Estado Norte-Americano, recebeu o Prêmio Nobel da Paz.

ANOITECER

Agoniza
em doce harmonia,
placidamente,
o dia.

Tinge-se o poente
de suave rubor.

Oculta-se o astro-rei
em outra parte,
e filetes de luz,
entrecortados
de um cinzento-amarelado
deixam o céu
com um colorido
embriagante,
enternecedor.

Vênus, no alto,
anuncia, luzindo,
que termina mais um dia.

É noite.

1973

→ *Mais fortalecido no autocombate, o ser caminha resoluto, firmando-se a si mesmo e socializando suas experiências.*

→ *11 de janeiro: o presidente Emílio Garrastazu Médici sanciona a lei que institui o Código de Processo Civil Brasileiro.*

→ *No mundo, vive-se a primeira grande crise do petróleo.*

UNIÃO

Teu caminho,
o meu.

Meu canto,
o teu.

Tua luz,
a minha.

Meu pão,
o teu.

Teu sonho,
o meu.

Meu jardim,
o teu.

Tua paz,
a minha.

Meus olhos,
os teus.

Tua noite,
a minha.

Meu céu,
o teu.

Teu ideal,
o meu.

Tua vida,
a minha.

Teus espinhos,
os meus.

Nosso caminho,
o dos que virão!

1973

→ *Sonhos de construção de um lar baseado na união de forças entre homem e mulher.*

→ *O Bem Amado destaca-se como a primeira novela da televisão em cores, no Brasil. Odorico Paraguaçu, vivido por Paulo Gracindo, torna-se um ícone na cultura brasileira, relacionando vida política do interior e humor.*

→ *11 de setembro: golpe militar liderado pelo general Augusto Pinochet depõe e assassina o presidente Salvador Allende, no Chile. Em princípio, a versão oficial era de suicídio; mais tarde descobriu-se a farsa.*

DEIXA VIVER A VIDA

Deixa cantar o pássaro
que traz a paz.
Deixa cair a chuva
que renova a natureza.
Deixa fazer o frio
que mata os vermes.
Deixa brilhar o sol
que vitaliza a vida.
Deixa luzir a estrela
que alumia a treva.
Deixa cair a noite
que conduz a meditar.
Deixa vir o cansaço
que valoriza o labor.
Deixa vir a dor
que lapida a alma.
Deixa chorar o homem
que não encontrou a paz.
Deixa indagar o cético
que não entendeu a vida.
Deixa viver a vida
para que ela viva em ti.

1974

→ *Ação e contemplação: marcas poéticas, filosóficas, de valores nobres que inspiram o ser.*

→ O Brasil apoia os árabes que reivindicam a desocupação de todos os territórios ocupados por Israel na Guerra de 1967.

→ O presidente Richard Nixon, dos Estados Unidos, renuncia após o escândalo que ficou conhecido como "Watergate".

CHUVA NA TERRA

Choveu sobre a terra
porque era preciso,
porque o solo secava,
a planta não nascia,
a flor definhava,
a vida era agonia...

Choveu sobre a terra
porque o homem
estava maduro,
porque a vida
(já se sabe)
nasce na morte,
porque o sonho
longínquo de paz
se realizou...

Choveu sobre a terra
porque o egoísmo
atingiu o auge,
porque a miséria
moral, espiritual,
edificou um império...

Choveu sobre a terra
porque sem chuva
não nasce a planta,

nem a goiaba,
nem a batata,
nem o feijão,
nem a mandioca,
nem há macarrão...

Choveu sobre a terra
porque a chuva é vida,
porque a vida
precisa da chuva
como a planta do sol...

Que bom que chove
para fazer o homem
sentir a vida!

1974

- → *A vida afetiva marcha para compromisso que se antevê como possível "vida a dois". Maturidade.*
- → *Incêndio do Edifício Joelma, em São Paulo, à semelhança de outro similar, Edifício Andraus. Centenas de mortos; Brasil de luto.*
- → *25 de abril: em Portugal, a Revolução dos Cravos pôs fim ao regime de governo ditatorial de Salazar, que durou 48 anos; presidente havia falecido em 1970, e o regime perdurava.*

MENINO POBRE

Menino pobre
qu'empina raia
na rua deserta
e que quando ela cai
chora em silêncio,
por que você mata os passarinhos
que alegres cantam
em seus ninhos?

Por que você
não estuda
para ser grande
e ajudar
seus amiguinhos?

Menino pobre,
de caderno amassado
e cara suja,
por que você
não cuida
do seu livro
que custou dois pães
e um litro de leite
a seu pai?

Menino pobre,
estude e estude!

Você crescerá
e o amanhã
também lhe sorrirá!

1974

- → Sensibilidade e compartilhamento de experiências e emoções: a poesia como meio.
- → Brasil realiza o I Congresso Internacional sobre o Uso de Tóxicos pela Juventude Universitária, em São Paulo: jovens secundaristas são maiores usuários.
- → No âmbito internacional, Brasil reconhece o governo de Mao-Tse-Tung, presidente da China.

MENINA DESCALÇA

Com emoção
minhas mãos
pegaram as suas,
e deixei cair
sobre elas
duas parcas
moedas.

Senti n'alma
a dor dos sós.
E relembrei
que também vivi
a falta de pão,
do agasalho
amigo,
da palavra
de compreensão.

Sua cara suja
lembrou-me
da infância
distante...

Eu lhe quis
expressar
o meu amor
e não consegui,

porque
no canto
da sala
pessoas outras
nos fitavam.

Em minha
ignorância
sufoquei
o coração,
e com pesar
vi você
se afastar,
depois
q'um jovem
que ali trabalha
lh'estendeu
um prato de comida.

Você foi almoçar
a sós,
enquanto eu
ali fiquei
a chorar
também
só.

1974

→ Emoções diante de problemas sociais produzem lágrimas que traduzem sensibilidade e preocupação com o outro.

→ Brasil anuncia a fabricação de aviões "Piper", em parceria com indústria americana.

→ *O presidente americano Henri Ford visita o Japão do imperador Hiroito: protestos e greves marcam o encontro. Durante a Segunda Guerra Mundial, o governante japonês, que teve o mais longo reinado no seu País, havia tomado decisões qualificadas de crimes de guerra, julgadas mais tarde, em 2000, por júri simulado, embora tardiamente, pois Hiroito falecera em 1989.*

VIVÊNCIA

Lição de coragem
aprendemos
com o pescador
das águas do norte:
impelido
pela busca do alimento,
enfrenta a tempestade,
a violência das ondas,
os perigos do mar,
os tubarões vorazes,
o furor oceânico.
Avança, corre, trabalha
em busca do ideal,
e quando volta
a alegria
toma conta de si
e dos seus
e todos têm alimento
e a fome se vai
e eles sobrevivem...

Se pelo pão do corpo
arriscamos a vida,
o que não devemos arriscar
pela vida do espírito
que dura sempre?
Se pelo corpo que perece

sofremos horrores,
o que não devemos sofrer
pelo ser imortal
que de fato somos?

1974

- → *Reflexões filosóficas, na busca do autoconhecimento, prosseguem.*
- → *15 de janeiro: o general Ernesto Geisel é eleito presidente do Brasil pelo colégio eleitoral, obtendo 400 votos contra 76 dados ao candidato da oposição, Ulysses Guimarães, na eleição presidencial indireta.*
- → *Ano Mundial da População, pela Organização das Nações Unidas (ONU).*

MENINO DE FAVELA

Menino de favela,
onde está você?

Por que
há tanto tempo
procuro lh'encontrar?

Minha voz se perde
no campo onde outrora
sua casinha
ocupava um lugar...

Por quê?

Meu querido irmão,
é em vão
qu'em ânsia
busco lh'ouvir.

Em sonhos vi
você correndo
sob o azul
d'areia branca
das cavas d'Iguaçu.

Mas ouvi dizer
que você mora

noutra favela,
além do Belém.

Menino de favela,
afinal,
onde está você?

1974

→ *Lembranças amargas do passado ressurgem exigindo posicionamento, atitude.*

→ *Raul Seixas é premiado por Gita, primeiro disco de ouro na carreira do cantor e que vendeu milhares de cópias.*

→ *Na astronáutica, destaque para a sonda Mariner 10, que passa pelo planeta Mercúrio.*

VOCAÇÃO DE POETA

Poeta que sonha,
poeta que ri,
poeta que canta
a vida,
a paz...

Poeta do mundo,
que ama as flores,
a água,
o céu,
a estrada deserta,
a Terra melhor...

Teu ideal
é nobre desejo.
Vibra, alegre,
em oração.

Prossegue, cantando,
vivendo o amor.

Um dia, amigo,
será feliz
o teu coração,
quando o planeta,
renovado,
for de todo

só amor,
trabalho,
sabedoria,
compreensão,
caridade...

Jesus, então,
não estará
no vil madeiro
do calvário milenar.

Chora, amigo,
pela guerra,
pela fome,
pela miséria...

O teu sonho,
a tua paz,
não são
coisas de herói,
de vulto
da História –
é ânsia normal
do homem
que sofre,
que não
mais suporta
tamanha ausência
do Deus de Amor
no coração...

Poeta que sonha,

prossegue, cantando,
porque amanhã
o sol brilhará!

1974

- → *Autoanálise, inquietações, indagações, buscas e respostas.*
- → *4 de março: o presidente Emílio Garrastazu Médici inaugura a Ponte Rio-Niterói, localizada na Baía de Guanabara, estado do Rio de Janeiro.*
- → *15 de março: o general Ernesto Geisel assume como presidente brasileiro, substituindo o general Médici.*

JOÃO CANSADO

*Aos trabalhadores operários do Brasil, simbolizados na figura ímpar do pai do autor, **Saturnino Venerável Maia**, torneiro mecânico e faz-tudo a vida toda.*

Declina o sol
e baixa o pano
do cenário
cotidiano.

No centro urbano
o ruído cessa,
paulatinamente.

O homem
deixa tranquilo
a fornalha
em que forja
o pão
do dia a dia.

Em seu íntimo,
uma prece:
"Senhor, muito obrigado!"

Empurrando
o carro-bicicleta
morro acima,
uma alegria inexprimível
produz lágrimas

que escorrem
pela face
molhada
e avermelhada
do esforço
despendido
no metiê
do ganha-pão.

Quantos que o veem
lamentam:
"Coitado,
lá vai o João-Cansado
que trabalha tanto
e ganha pouco
sob o sol
de todo dia,
amassando pedra
para a cidade
da gente rica!"

E soubessem
quanto João Cansado
é feliz!

Tão feliz
que não trocaria
o seu trabalhinho
de pedreiro
por nada que faria
tão feliz
o homem

sedento de posses!
Feliz pelo seu suor,
pelo doce aconchego
do lar amigo
e pelo sorriso
das ternas crianças
e da companheira
dedicada
que o amam tanto!

Na cidade
tanta gente há
que acaba o dia
e só diz:
"Porcaria,
amanhã trabalho
outra vez"!

Mas João Cansado
que não se cansa,
empurra cantando
sua bicicleta amiga,
dizendo baixinho:
"Senhor, muito obrigado"!

1974

- → Poemas a mancheias produzindo catarses.
- → 1º de julho: o presidente Ernesto Geisel sanciona a lei que determina a união dos estados da Guanabara e do Rio de Janeiro.
- → 25 de abril: a Revolução dos Cravos em Portugal depõe a ditadura de Salazar, que durou quase meio século.

VIVER

Viver é sempre lutar
Pelos caminhos da vida,
É sofrer, é conquistar
Os espinhos na subida!

1974

→ Em guardanapo da mesa do Restaurante Madalosso, em Santa Felicidade: casamento de uma prima da Claudete. Noivado à vista. Segundo ano do curso médio profissionalizante.

→ 6 de outubro: Emerson Fittipaldi, corredor brasileiro, conquista o segundo título mundial de Fórmula 1 no Grande Prêmio dos Estados Unidos.

→ 18 de maio: a Índia lança a sua primeira arma nuclear.

REFLEXÕES

Só permanece o bem,
só o amor constrói.
Todo o resto é ilusão
como nos diz a razão.

Somos o que queremos,
vivemos o que desejamos,
desejamos como somos,
somos conforme fomos.

Viver no mal? Engano total
d'alma frágil e impura.
Viver no mal é fechar os olhos
à vida que sempre dura.

Insatisfação, ansiedade –
sinais de enfermidade,
que primeiro prostram a alma
depois o velho corpo carnal.

1975

→ *Neve em Curitiba, julho, dia 17: tobogã no meu ambiente de trabalho, no IPPUC; bonecos de neve pela cidade, muito frio, porém uma festa de alegria nunca vista. Saí de casa, no Abranches, pela manhã, de guarda-chuva em punho, e minha mãe disse: "É neve, como lá em Santa Catarina" (ela, nascida em Anitápolis, na serra* catarinense, conhecia o fenômeno). Autodescobertas profundas levando o ser a atitudes maduras, condizentes, conscientes.

→ São Paulo inaugura a linha Norte-Sul do metrô.

→ Crise sobre a perspectiva de aumento do preço do petróleo; a Organização dos Países Exportadores de Petróleo (OPEP) não consegue solução para o problema.

CONVITE

Juventude ardente,
olha à frente!
Desfaze a treva,
refaze o ânimo
dos vencidos!
Renova a alma,
combate o vício,
estuda com amor,
ilumina o coração,
não temas o mal!
Confia no divinal
auxílio do Além!
Segue Jesus
através dos espinhos
que te visitam!
Irradia
total alegria
em derredor,
vivificando
tesouros de paz!

1975

→ *O processo de autodescoberta prossegue, em ritmo acelerado. Entusiasmo pela vida.*

→ *4 de junho: o presidente da Romênia Nicolae Ceausescu chega a Brasília para visita de quatro dias; o presidente brasileiro*

Ernesto Geisel recebe o visitante no Palácio do Planalto. Fato importante, porque o País do Leste Europeu era uma das mais fortes ditaduras comunistas, tanto que, com o fim do socialismo soviético, o presidente romeno e sua esposa foram julgados por um tribunal militar, no Natal de 1989, e fuzilados, sob a acusação de crimes contra a humanidade.

→ Ano Internacional da Mulher, pela Organização das Nações Unidas (ONU).

EVOLUÇÃO E VERDADE

Envolta em treva, a mente,
com tênue resquício de luz,
marcha, milênio a milênio,
na senda da evolução.
Explode, de inopino,
o furor do intelecto,
e o verme do charco
habita palácio de concreto.
Guerra a céu aberto.
Troar de canhão rasga continentes.
Avolumam-se técnicas.
Multiplicam-se métodos.
Mas o ser prossegue vazio...
A morte lhe é tormento atroz,
a destruição, figura de rotina,
Deus, elemento hipotético...
A Verdade, pregara-a Sócrates.
Platão seguira-lhe os acordes.
Veio Jesus –
e fez-se luz sobre a Verdade!
O Amor, multiplicado,
assolou a selva humana,
banhando-a de brilho audaz!
O ateu comprime a alma
e a não aceita.
Ao cego, é-lhe impossível vê-la.
O que a conhece, em silêncio,

edifica para a paz...
Amanhã, quando a luz total se fizer,
Evolução e Verdade
caminharão de mãos dadas.
O ser, então renovado,
ouvirá, junto de si,
o pensar do Criador!

1975

- → *O movimento espírita jovem continua produzindo novas reflexões, profundas, filosóficas.*
- → *27 de junho: o Brasil assina o acordo nuclear com a República Federal da Alemanha, em Bonn, que contribuiria para a construção de usinas brasileiras em Angra dos Reis, Rio de Janeiro.*
- → *Independência de colônias portuguesas, que se tornam países soberanos: Moçambique, Cabo Verde, São Tomé e Príncipe, Angola.*

MÉDICO

À cabeceira do doente.
Madrugada. Estala a chuva
na calçada. Consciente,
com muito amor, você ajuda

a Deus Criador manter a vida
no homem em que a dor mora...
Surge alguém, em vil ferida,
e seu coração, sem demora,

ama, serve, reflete luz!
Abençoado missionário
que à semelhança de Jesus

renuncia, trabalha, confia!
Fazendo seu temário –
auxílio, saúde, alegria!

1975

→ Pelo Dia do Médico, 18 de Outubro, homenagem ao médico homeopata Dr. Javier Salvador Gamarra, com quem o autor conviveu como paciente e como voluntário parceiro em ações de assistência a pessoas enfermas, além de autodescobertas, no meio espírita.

→ 25 de outubro: o diretor de jornalismo da TV Cultura Vladimir Herzog é encontrado morto nas dependências do DOI-CODI, em São Paulo, fato divulgado como suicídio, somente elucidado neste início do milênio — assassinato.

→ 4 de abril: fundação da Microsoft, por Bill Gates e Paul Allen.

TERRA-A-TERRA (... AINDA)

Fala

hebraico,
árabe,
chinês,
grego,
latim,
português,
espanhol,
inglês,
francês,
italiano,
alemão,
russo,
japonês,
polonês,
esperanto
e mais alguns idiomas.

Domina

matemática,
engenharia,
medicina,
direito,
filosofia,
astronomia,

economia,
química,
sociologia,
educação,
psicologia,
eletrônica,
comunicação,
cibernética,
física atômica
e outros campos do saber.

Constitui, tudo isso,
ínfima partícula
do conhecimento universal.

Poliglota e sábio,
ainda não sabe amar.

O Homem, hoje, tantos milênios depois...

Até quando, Senhor?

1975

→ *O autor casa-se com Claudete Andreatta em 25 de outubro, na Igreja do Bom Jesus do Cabral. Seus padrinhos, os tios da Claudete — Gelício Millaki e Jovina Cruzara — e o Prof. Ernani Costa Straube e sua esposa, Prof.ª Lavínia Maria Costa Straube. Concluí o segundo grau. No ano seguinte, 1976, entrei para o curso de Serviço Social na Faculdade Espírita, de Curitiba. Em junho de 1976, nasceu meu primeiro filho, o Gilberto. Prosseguem as autodescobertas, o avanço do conhecimento individual.*

→ *17 de maio: os presidentes Ernesto Geisel, do Brasil, e Alfredo Stroessner, do Paraguai, criam a Itaipu Binacional, empresa destinada à construção da maior usina hidrelétrica do mundo. Gestão dos dois países na obra monumental.*

→ *22 de novembro: reimplantada a monarquia na Espanha; coroação do rei Juan Carlos.*

NATAL NO ORFANATO

Aos meninos do Lar Bom Pastor.

Na ânsia do comercialismo
natalino,
uma pausa para o amor
aos deserdados pequeninos:
o Natal no orfanato!

Aqui dois braços
que se abrem
para espreitar contra o seu
um coraçãozinho triste.

Ali u'a mão
que estende guloseima
a um rostinho macerado
pelo sofrimento.

Sorriso que se doa
e faz brilharem os dentinhos
de alguém
que nem sempre sorri.

Duas perninhas que se unem,
uníssonas,
entoando, felizes,
"o Velhinho sempre vem!"

Ah, como descrever
em simples palavras
toda a beleza,
toda a luz
que se fazia
naquele abrigo de amor,
naquela tarde memorável
de sublimes claridades?

É bom que existam orfanatos
para a gente não esquecer
a pureza do Natal.

Mas seria tão bom se não existissem,
se cada um de nós
pudesse acolher ao seu
o desvalido coração
órfão de mãe e pai!

1978

→ Um ano antes, 1977, nasceu meu segundo filho, o Alessandro. Naquele ano, entrei para a Escola de Polícia Civil, então dirigida pelo Prof. Ernani Costa Straube, como técnico de Educação, e iniciei estágio de Serviço Social no sistema penitenciário. Trabalhei com o secretário de Estado da Justiça Dr. Túlio Vargas, jurista, literato, historiador e que fora deputado federal do Paraná, e com sua assessora para Assuntos Penitenciários, a assistente social Dirce Leny Massolim Pacheco, que se me tornaria supervisora do curso de Serviço Social e mestra na vida pública, tempos afora. Em 1978, nasceu Luciana, minha filha. Registrei-a no mesmo dia, 28 de dezembro, e nesse dia *comprei, para comemorar, um disco que continha "Cantiga por Luciana". Também naquele ano, em fevereiro, visitei, com outros estudantes, professores e profissionais, presos políticos, na Prisão Provisória de Curitiba. As autodescobertas levam à socialização do conhecimento, à ação social voltada para o outro. Emoções especiais na questão da orfandade, também para épocas seguintes. Terceiro ano do curso de Serviço Social, na Faculdade Espírita, de Curitiba.*

→ *O futuro presidente da República general João Baptista de Oliveira Figueiredo é entrevistado pela Folha de S. Paulo e fala de temas como democracia, eleição presidencial, voto popular, Esquadrão da Morte e outros.*

→ *Na Itália, o primeiro-ministro Aldo Moro é assassinado pelas Brigadas Vermelhas, causando comoção em todo o mundo.*

SONHO DO HOMEM

Libertação do jugo
infernal do preconceito.
Conhecimento do maquinismo
até hoje "indesvendável"
das leis infalíveis
que regem a vida.

Eliminação dos tabus
gerados na era clássica
do pensamento conservador.

Estreitamento das relações humanas.

Simplificação dos meios de vida.

Compreensão dos textos sagrados
que ao longo dos tempos
têm fervilhado as mentes
sequiosas de luz.

Extensão da simpatia e do amor.

Supremacia do espírito
sobre a matéria transitória.

Presença de Jesus
nos recônditos d'alma
torturada e triste.

Renovação, enfim,
das diretrizes básicas
da caminhada humana
rumo ao País da Luz.

1980

- → *Formatura em Serviço Social, no dia 15 de março: cerimônia na Reitoria da Universidade Federal do Paraná; eu, orador. Presentes na cerimônia: Claudete, minha esposa, Gilberto, meu filho, e dona Licya, minha sogra, além de outros corações amigos, homenageados nesta antologia. Pai e profissional, iniciei minha carreira docente, após breve processo seletivo na Faculdade Espírita, disciplina de Administração em Serviço Social; marcante experiência como coordenador do próprio curso, junto dos meus ex-professores, a convite do então diretor da Faculdade, Prof. Octávio Melchiades Ulysséa, de quem fui aluno de Sociologia. Novos cenários: ensino superior, mundo acadêmico universitário, ser professor, para mim um sonho tornado realidade. Após nove meses, deixei a faculdade e passei à função de redator no Palácio Iguaçu, sede do governo do Paraná, a convite do meu ex-professor de Língua Portuguesa no Colégio Estadual do Paraná, Luiz Gonzaga Paul, mais tarde fundador da Telegramática de Curitiba, também mais um dos meus mestres na vida pública; governo Ney Braga, que fora ministro da Educação do governo Geisel e que criara o Crédito Educativo, do qual me beneficiei durante o curso. Novas leituras. Novas descobertas. Novo mundo.*

- → *O Papa João Paulo II visita o Brasil. Multidões acorrem para vê-lo e ouvi-lo em São Paulo, em Curitiba...*

- → *Polônia nega independência a sindicatos, malgrado os mais de 80 mil trabalhadores em greve, sob a liderança de Lech Walesa, que mais tarde se tornaria presidente do País.*

BÊNÇÃOS DA VIDA

Hoje tudo é diferente:
a esposa, os filhos, o lar,
o trabalho, a escola,
o dever maior
de amar, de amparar,
de promover o crescimento
do lar que construímos,
nos mil sonhos das madrugadas,
ao clarão das estrelas,
sob lâmpadas apagadas,
por mil campos floridos!
Hoje a vida nos dá
aquilo que a ela rogamos.
Como é bom viver!
Como Deus é bom!

1981

- → Nasce meu quarto filho, Eduardo. Novas emoções em família. A madureza avança.
- → O cardeal de São Paulo D. Paulo Evaristo Arns reafirma ação no sentido de evitar infiltrações políticas no meio religioso católico, diante das intensas atividades nesse sentido entre as Comunidades Eclesiais de Base.
- → John Lennon, que já foi considerado "pai" dos Beatles, é assassinado em Nova Iorque por Mark Chapman, que apenas queria celebridade.

SOLIDARIEDADE

Como é doloroso
ter fome e não ter pão,
sentir a tonteira,
a fraqueza, a obnubilação,
e não ter o que esperar,
sequer simples ração...
Não ter forças
para caminhar,
nem vontade de viver...

Eu, daqui a instantes,
terei lauta refeição,
cessará minha fome.

Porém, ficará a lembrança
de ter recordado
você, meu irmão,
doente e faminto,
fraco e esquecido,
que habita casebre
sem lenha, sem fogo,
sem cama, sem mesa,
de toscas madeiras,
coberto de lata.

Comigo, pensarei:
se nada posso fazer,

valeu a pena
ao menos lembrar
de você, meu irmão,
e sentir uma dor
aqui no peito meu...

1982

→ *Escrevendo (correspondência burocrática), o ser prossegue a busca por um mundo melhor, servindo-se de autoconhecimento. Mudança de residência, deixamos o Ahú/Boa Vista, na propriedade dos meus sogros, e fomos, a Claudete e os nossos filhos, para apartamento novo, adquirido da Construtora Cidadela, no bairro Santa Cândida [esta seria outra longa história a contar, considerando o terreno adquirido no Ahú, em área litigiosa da antiga favela; o valor da compra, devolvido pelo vendedor, rendeu os recursos com que pudemos realizar a aquisição do apartamento.]*

→ *O jornal Folha de S. Paulo promove debate sobre tóxico e família.*

→ *Os ingleses invadem as Ilhas Malvinas, território britânico reivindicado pela Argentina. O conflito resultou em centenas de mortos dos dois lados. A Inglaterra, porém, continua no domínio das ilhas. Margareth Thatcher, a "Dama de Ferro", era primeira-ministra britânica, na ocasião; Leopoldo Galtieri, presidente argentino.*

O SEXO

Como devo considerar
algo tão importante assim,
que me faz outra vez voltar
a esta escola, belo jardim?

Ah! Como me enganava eu
ao desrespeitar este altar
que me aproxima de Deus,
que me faz crescer e voar!

Portal de esperança e luz,
usina de forças morais,
caminho que o homem conduz

ao trabalho, à luta, à dor,
aos páramos espirituais,
ao encontro do Eterno Amor!

1982

→ *Entre tantos temas do cotidiano, o autor aborda este, vulgarizado cada vez mais, e busca dar-lhe sentido transcendental. Nesse ano, o presidente Figueiredo visitou o Paraná, então governado por Ney Braga: nossa equipe da Assessoria Técnica da Casa Civil de plantão, preparando subsídios para o discurso governamental oficial, bem como formalização documental de correspondências contendo reivindicações do Paraná. Descobertas no mundo político, para mim.*

- → *Brasil conclui acordo com o Fundo Monetário Internacional (FMI), do qual dependeu por muito tempo para equilibrar suas finanças.*

- → *O líder sindical polonês Lech Walesa desafia o governo do seu país na defesa dos direitos dos trabalhadores do Porto de Gdansk.*

GRATIDÃO AOS CÉUS

Oh, Senhor!
Minh'alma Te agradece
em singelas palavras, humilde prece,
a dádiva do trabalho,
da luz, do agasalho,
que enriquecem a existência
de alguém ontem ainda em descrença!

Enternecida, alcandorada,
minh'alma ajoelhada
Te oferta o coração,
a bênção da oração,
o esforço da virtude,
pela Tua solicitude!

Obrigado, sim, pelos recursos,
mas obrigado também pelo concurso
da dor, da lágrima, do sofrimento,
que trouxeram luz, conhecimento,
para a marcha triunfal
do espírito imortal!

Possam eles – nossos irmãos –
guardar no coração
a fé, a coragem, a luz
do Amigo Eterno – Jesus! –
que nos acompanha desde Mais Além,
acima das sombras, no País do Bem!

E possamos todos nós, agora e sempre,
aprender a esperar no presente
os frutos da ação nobre
do Espírito que na luta sobe!

Obrigado, Senhor,
com todo o meu amor!

1982

- → A luta interior prossegue intensa. Mudam os cenários, os tempos, as pessoas; novos desafios surgem. Aquisição, pela minha família, do nosso primeiro telefone residencial. Era um bem caro, de status, até mesmo constante da declaração anual do imposto de renda. Dr. Osvaldo Maldonado Sanches, meu amigo e ex-chefe, técnico de Orçamento, que havia atuado na Secretaria de Estado do Planejamento e na Casa Civil, mudara-se para Brasília, onde atuaria no Senado Federal, e vendera-nos o referido bem. Um marco em nossa vida, pois em nossas emergências familiares nos valíamos da bondade de amigos vizinhos que tinham telefone e que nos socorriam em nossas dificuldades de comunicação.

- → 5 de novembro: a maior hidrelétrica do mundo, Usina de Itaipu, é inaugurada pelos presidentes João Figueiredo, do Brasil, e Alfredo Stroessner, do Paraguai.

- → Ano Internacional de Mobilização pelas Sanções à África do Sul, estabelecido pela Organização das Nações Unidas (ONU). Essas sanções deveram-se ao clima de apartheid (segregação racial mantida de 1948 a 1994 pela minoria populacional branca); eleições multirraciais vencidas pelo Congresso Nacional Africano, sob a liderança de Nelson Mandela, que se tornaria presidente do País, após 27 anos de prisão exatamente por essa militância política democrática.

TRABALHAR NO MUNDO

Ontem eu queria a solidão
das montanhas da Serra do Mar.

Ontem eu queria viver
em sua companhia,
me ajeitar no seu regaço,
partilhar da sua quietude,
contemplar as estrelas luzidias.

Ontem eu aspirava sentir
o agreste aroma das florestas,
o perfume doce das flores silvestres.

Ontem era meu desejo viver
"longe do mundo, do mal da guerra",
sozinho e só, sem nada, sem ninguém.
Era-me cenário ideal
o mosteiro, o silêncio, a amplidão.

Hoje, o que peço,
o que aspiro,
o que desejo
é o mundo dos homens,
é o trabalho nobre de construir,
é o fragor da luta na arena sangrenta,
é o sacrifício pela sobrevivência,
é a humilhação dos grandes que me abate o orgulho,
é o concreto da cidade,

é o cansaço do trabalho exaustivo,
é o sacrifício pelo semelhante,
são os veículos velozes e barulhentos,
os edifícios arrojados que a engenharia projeta,
as máquinas engenhosas que quase pensam.

Ontem eu queria a contemplação inativa,
hoje eu quero a ação no mundo tumultuado dos homens.

Ontem eu queria viver para mim.
Hoje eu quero viver para os outros.

Ontem eu queria ser anjo
sem passar pelo mundo dos homens.

Mas, porque só se aprende nas lutas do mundo,
hoje ainda eu quero ser homem
aspirando ser anjo um dia, na Eternidade,
após a fieira de existências
laboriosas e necessárias,
como o Meigo Nazareno ensinou.

1982

→ *Contrariando suas tendências introspectivas, o autor reafirma nova postura; o mundo não mais o assusta, mas convida-o à participação social.*

→ *15 de novembro: são realizadas as eleições diretas para governadores, senadores, prefeitos, vereadores, deputados federais e estaduais, no Brasil.*

→ *2 de abril: a Argentina invade as Ilhas Malvinas, dando início à Guerra das Malvinas.*

DESPERTE!

Enquanto a fome
campeia errante,
não escolhendo a porta, o teto...

A dor sem nome
avança pelos lares afora,
varrendo sem piedade
os corações maternos...

Os pulsos outrora firmes
de pais dedicados
perdem a direção, o rumo...

A miséria moral
arrasta ao lodaçal
corações ingênuos
e inexperientes...

A criança chora
a falta do amor
da mãe que a renegou...

O jovem maldiz
ter nascido
num mundo de conflitos...

O trabalhador é esmagado

pelas necessidades
da vida moderna...

O doente reclama
a cura que não chega...

A mãe solteira
se perde no abismo
da revolta...

O alcoólatra se ilude
buscando anestesiar
a consciência
que o acusa...

O homem sem trabalho
em vão bate à porta
pedindo oportunidade...

Enquanto tudo isso ocorre
no planeta-escola,
você cruza os braços,
só pensa em si próprio,
goza o instante fugidio,
não multiplica
os recursos que detém,
em forma de trabalho
e felicidade no seu caminho...

Desperte!
É chegada a hora!

1983

→ Momento político-administrativo emocionante: primeira eleição direta para governador, após o regime militar. No Paraná, José Richa foi eleito e teve uma gestão transformadora, que o tornaria, antes de terminar o mandato estadual, senador. Reverenciando a visão espiritual da vida, acentuam-se preocupações com o porquê da ação dos seres humanos. [Poema publicado em 1987, constante de Brasil Literário].

→ Tancredo Neves, conhecido político mineiro que se tornaria candidato à Presidência da República, propõe ao presidente Figueiredo ações democráticas de conciliação para as questões sociais e econômicas brasileiras.

→ Na França, expulsão de 47 soviéticos, por espionagem.

JORNADA TERRENA

Pela vida em brancas nuvens
muitos de nós passamos.
Tudo queremos, tudo fazemos,
em favor do nosso "eu".

E quando, para a viagem,
procuramos nossa bagagem,
o que levamos?
Nada, pois nada realizamos.

Então, a dor e o vazio,
a solidão, o frio
são nossos companheiros
no meio do espinheiro.

Um ponto positivo, porém,
fica dessa experiência, no além;
é que aprendemos na dor,
no erro, no sofrimento reparador.

Mas, ah! que delícias terão
aqueles que abrirem o coração,
servindo sem cessar,
amando, aprendendo, a lutar!

Quantas luzes aguardam a criatura
que de sua vida faz um marco de ventura

no estudo, no trabalho,
na caridade que dá o agasalho!

Assim, portanto, vamos agradecer
a alegria e a tristeza em nosso viver!
Tudo progride, tudo marcha para a luz
com o Espiritismo e com Jesus!

1983

> → *As preocupações com a finitude do ser dominam as reflexões. O mundo, saturado de experiências vitais, torna-se cada vez mais analisado e compreendido pelo autor.*
>
> → *Em São Paulo, violência social leva o governador Franco Montoro a adotar medidas duras contra saques promovidos pela população. Exército em prontidão.*
>
> → *Jornal japonês demonstra que "a introdução do computador na área de jornalismo é capaz de gerar empregos e até propiciar uma elevação dos salários dos profissionais".*

MÃE HEROÍNA

*À **Lídia Honorio Maia**, minha mãe.*

Ficaste
Porque pedimos.
Poderias ter ido
e nos levado.
Renunciaste
Por amor a nós.
E ficaste
amargando
prova cruel
de extrema resistência
moral, espiritual.
És heroína!

1984

→ Novos conceitos, em torno da gratidão, e novas visões sobre o coletivo agitam o ser, na busca de explicações, de reafirmações.

→ No Brasil, governadores podem levar ao presidente Figueiredo o nome do político mineiro Tancredo Neves como proposta de conciliação nacional: eleição indireta para a Presidência da República.

→ Assassinato de Indira Gandhi, primeira-ministra da Índia, põe o mundo em choque. À semelhança do Mahatma Gandhi, em 1948, a dirigente indiana também morreu num jardim, vitimada por radical.

TANCREDO-ESPERANÇA

Chora, Brasil!
Teu filho amado partiu!
Partiu para as plagas donde veio,
as regiões de luz onde habitam os missionários,
os baluartes do Bem,
os revolucionários do Amor!
Longo calvário percorreu teu filho de Minas,
que encarnou tão grande ideal
para os seus irmãos de todas as partes,
que trabalham e amam,
choram e sofrem
em busca do seu destino!
Em todo canto, vemos teu povo chorar:
nas ruas, nos bares, nos mercados,
nas esquinas, nas janelas, nos telefones,
nas casas, nos carros, na cidade e na favela,
no subúrbio, na mansão,
junto dos televisores e dos rádios, no sertão,
no Nordeste alagado que parece esquecer sua dor regional
para acalentar uma dor nacional...
Vemos chorarem jovens e crianças,
adultos e velhos, homens e mulheres...
Choram, sentidos, porque o sonho da Nova República,
ardentemente acalentado,
perdeu o seu gênio inspirador!
A vida prossegue,
e sob a inspiração dos que em outros planos

velam pelos destinos humanos
há de concretizar-se a Democracia plena
com que todos os brasileiros de há muito sonhamos.
De onde te encontras,
Tancredo-Esperança,
inspira os que, em teu lugar,
devem realizar
a vontade soberana e sagrada do povo!

21/04/1985

- → *Ardor cívico em alta. Todo o Brasil vibra pelo novo momento nacional: perspectivas de uma democracia participativa mexem com conteúdos interiores do ser. [Publicado pela coluna "Almanaque", do jornalista Aramis Millarch, jornal O Estado do Paraná, abril de 1985. Poema lido no calor das emoções de então em rádio de Curitiba.]*

- → *Manchete da Folha de S. Paulo: "Acabou o ciclo autoritário; Tancredo é o 1º. presidente civil e de oposição desde 64". Nasce a Nova República brasileira. Porém, ele não assumiria o governo, vindo a falecer em 21 de abril, deixando o País em comoção. Seu vice, José Sarney, governaria o Brasil por cinco anos.*

- → *Aviação do Iraque bombardeia Teerã, capital do Irã. Preocupações em todo o mundo, pois ambos os países são produtores de petróleo, de importância vital para a economia.*

LIBERTAÇÃO E ESPERANÇA

Feliz o que sabe esperar!
O que aguarda dias melhores
após a noite tempestuosa!
Passam as horas, correm os dias.
Amadurecemos, ganhamos a luz
do entendimento libertador...
Provas são necessárias
ao nosso curso de evolução
que efetuamos na Terra.
Nunca desanimar!
Jamais desesperar!
Hoje e sempre,
trabalhar e esperar!
Sem que os vejam nossos olhos,
eles estão junto de nós,
inspirando-nos na luta redentora!
Um dia, agradeceremos,
de alma genuflexa,
o carinho de nossos Protetores Espirituais
que, sob o amparo do Pai
e a divina inspiração de Jesus,
nos ajudam a carregar a nossa cruz!

1986

→ *A passos mais firmes, prossegue a luta interior, já ampliada e mais objetiva, concreta. Nesse ano, assumi a chefia da Assessoria Técnica da Casa Civil, posto em que ficaria por oito anos.*

Um ano antes, 1985, meus filhos Gilberto e Alessandro tornaram-se lobinhos, no Grupo Escoteiro Baden-Powell, cuja sede ficava na Guarda-Mirim, no Ahú; foram dois anos de crescimento individual e familiar.

→ No Brasil, "economia leva um choque: o cruzeiro perde três zeros e vira cruzado"; e outras medidas de impacto na vida dos brasileiros.

→ "Nave espacial explode no ar: os sete tripulantes da Challenger morrem no acidente, 72 minutos após decolar no Cabo Canaveral, na Flórida, Estados Unidos. Comoção mundial: seria o limite da Ciência e da Tecnologia?"

OBRIGADO, MULHER!

Pela maternidade responsável,
Pelo teu trabalho no lar,
Pela tua vida em favor do bem geral,
Pelo teu exercício profissional na sociedade,
Pelo teu esforço hercúleo nas horas difíceis,
Pela tua coragem,
Pelo teu sorriso,
Pelo teu amor,
Pelos teus exemplos,
Pelo teu carinho,
Pela tua ajuda solidária,
Pelas tuas palavras,
Pelo teu silêncio,
Pela tua experiência frutífera no quadro das vivências humanas,
Pela tua renúncia,
Pela tua dedicação...
Porque és Mãe, Filha, Esposa, Irmã, Avó e Amiga,
Recebe neste Dia Internacional da Mulher
A gratidão do Homem,
Ontem teu algoz e ingrato companheiro,
Hoje teu Irmão na luta comum!

1987

→ *A poesia intimista transcendendo o ser e alcançando cenários mais amplos: valorização de outros níveis, segmentos, gêneros, pessoas... [Publicado em boletim do Conselho Estadual da*

Condição Feminina do Paraná, atualmente Conselho Estadual da Mulher.]

→ *Universidade de São Paulo (USP) ouve depoimentos de negros sobre a escravidão: revolução na forma de considerar os negros como partícipes da construção da nacionalidade brasileira.*

→ *Ano Internacional dos Desabrigados, pela Organização das Nações Unidas (ONU). O nazista Klaus Barbie, durante seu julgamento em Lyon, França, afirma que "cumpria ordens como chefe da polícia secreta nazista (Gestapo)", durante os anos de 1943-1944, na Segunda Guerra Mundial.*

CENTRO ESPÍRITA

Homenagem ao Centro Espírita Antônio de Pádua.

Farol valioso na noite escura
A indicar o caminho, a direção;
Portal de luz aos que procuram
A razão da vida, a orientação...

Oficina de amor e amparo,
Templo de esclarecimento espiritual,
Escola em que o trabalho
Traz a alegria e afasta o mal.

Oh, como avaliar seu valor
Senão, trêmulo, a sofrer,
Agradecendo a própria dor!

Ele nos conduz ao calor
Do Espiritismo, que nos faz viver
Chorando e sorrindo, com amor!

1988

→ *Ativamente participativo do movimento espírita, o autor emociona-se na sede da instituição que frequentou anos antes, quando ali encontrou consolações e respostas, direcionamento e motivação existencial. [Soneto divulgado no movimento espírita paranaense.]*

→ *O Brasil tem nova Constituição — a Constituição Cidadã, assim denominada por um dos seus maiores autores, o deputado federal Ulysses Guimarães —: 5 de outubro. Marco brasileiro na conquista de direitos civis, liberdades, democracia...*

→ *"Chile julga [...] regime de Pinochet": também em 5 de outubro os eleitores chilenos decidem se querem ou não a permanência do general como chefe do governo.*

MÃE I

*À **Lídia**, minha mãe e heroína.*

Só o nome sagrado já bastaria
para consagrar sua tarefa bendita!

Mãe é Deus na Terra em forma de mulher,
reunindo as almas,
pacificando os corações.

Mãe é vida, luz, alegria, amor!
As mães vivem sempre!

Quando devemos à Senhora!
O carinho dos recém-nascidos,
os cuidados dos primeiros anos,
a comida, o agasalho,
o remédio, o brinquedo.

Depois, crescemos,
e a Senhora nos deu também a luz para o caminho.
As palavras, os conselhos,
a força da coragem, o consolo nas dores.

Durante tantos anos
a Senhora dirigiu o barco da nossa família,
amando, trabalhando,
chorando, sofrendo,
levantando, seguindo avante...

Vieram problemas e dores,
fome, dificuldades,
e a Senhora nunca desanimou!

Casamos, fundamos nossas famílias.

A Senhora continua a ser
a mesma Mãe querida,
agora avó também,
distribuindo amor e exemplo,
honrando a vida,
como a Virgem Maria,
ensinando o caminho da felicidade
para todos nós:
amor, trabalho, coragem, fé, alegria e ânimo forte,
hoje, amanhã, sempre...

Deus abençoe a Senhora, Mãe querida,
que nos deu a vida,
que com tanto amor
nos abrigou
na escola da Terra!

Muito obrigado, Mãe!

Parabéns pelos seus 65 anos!

Deus a abençoe, hoje e sempre!

1988

- → *Maturidade. Maior nível de confiança em si, na vida. Gratidão filial.*
- → *Hotéis reservam quartos só para os não fumantes, no Brasil.*
- → *22 de dezembro: assassinato do seringueiro e ambientalista Francisco Alves Mendes Filho, o Chico Mendes, com um tiro de espingarda no peito, na porta de sua casa, em Xapuri, Acre. Impacto no Brasil e no mundo.*

UMA VIDA E MUITAS HISTÓRIAS

*À Dona **Ana de França Cúnico**,*
do nosso Colégio Estadual do Paraná.

No querido Colégio Estadual do Paraná,
De tantas tradições e gente ilustre,
Queremos homenagear uma Mulher
Que tem muitas histórias pra contar.

Ora, a bem da verdade,
Falemos do que sabemos:
Há mais de trinta anos
Que ela trabalha no Colégio.

Nós a conhecemos em 1967. De lá pra cá
Tanta coisa aconteceu:
Alunos, crianças, jovens,
Adultos se tornaram.

Lá estavam os professores
Ernani, Kipman, Isolde, Vítola, Picanço, Orlando,
Wagner, Popp, Melin, Bettes, Douglas, Sandmann,
Ens, Aroldo (outra vez secretário), Ayrton (diretor),
Elsi, Maria Cristina, Eunice, Lília...

Funcionários de diversos escalões:
Arruda, Enilde, Vilma, Dária, Arno, Francisco, Joaquim,
Rogério, Helena, Licya, Rosina, Joacy,
Muitas Marias e muitos Josés.

Lembramos também nesta oportunidade
Dos amigos que já se mudaram
Para o outro lado da vida:
Mondrone, Enide, Cubas, Roaldo...

Estudantes de outros países
Hospedaram-se no Colégio.
Dias de fraternidade e alegria!
Atividades, vitórias, lágrimas de despedidas!

Vieram os escoteiros e bandeirantes.
Nasceu o planetário.
Os professores fizeram greve (1968).
Reformas, construções, novos trabalhos.

Música ambiental no Colégio:
Alegria, inspiração, bem-estar!
O homem chegou na Lua.
O Colégio ganhou vários troféus.

Clube de Ciências nos sábados:
Foguetes no ar, experiências,
Meninos, meninas, jovens, professores
Ocupados em testar a verdade das coisas.

Surgiu a Associação
Para docentes e funcionários congregar:
O professor Marinho e sua equipe
São até hoje a sua mola mestra.

Muita coisa mudou.

Pessoas se foram.
Novas pessoas chegaram.
Alunos ficaram gente grande.

O Colégio continuou a ser
Escola da infância, da juventude,
A grande escola de almas
(Porque os adultos aprendem sempre).

Nas cenas de ontem e de hoje
(Como eu dizia), queremos falar de alguém:
(Tantas pessoas se destacaram;
Seus nomes estão na história do Colégio).

Ana de França Cúnico:
Copeira, zeladora, auxiliar dedicada,
Amiga de grandes e pequenos –
Professores, funcionários, alunos...

Nesses anos todos que se foram
Vemo-la na limpeza e guarda
Dos corredores, banheiros, salas,
Nos lanches, no cafezinho.

Sorriso constante, alegria contagiante,
Amável, atenciosa,
Compreensiva, bondosa,
na Diretoria, na Sala dos Professores.

Sua história no querido Colégio Estadual
Pelo que sabemos
É mais ou menos assim,

No livro que Deus nos deu.

A história pessoal
Da nossa amiga Dona Aninha:
Sua família, seu filho, sua luta,
Deus conhece, Deus contará.

Nos seus trinta anos de trabalho digno,
Nossa homenagem, nossos parabéns;
Nossos votos de paz com Deus,
Nosso sincero reconhecimento!

1989

→ *Novos olhares sobre o passado e o presente: o ser prossegue redescobrindo a si mesmo e o seu microuniverso, valorizando os outros.*

→ *No Brasil, o ministro do Exército general Leônidas Pires Gonçalves faria uma caçada no Pantanal, durante manobras militares que simulariam guerra; afirmativas de que operações não produziriam danos ecológicos para a região. O monstro da inflação devorando a economia individual, familiar: governo Sarney. Alta de preços causa sofrimento a todos os brasileiros.*

→ *Na Polônia, o Sindicato Solidariedade, presidido por Lech Walesa, que se tornaria presidente do País, comemora vitória no Parlamento.*

POETAR, A SOLUÇÃO

Difícil está a vida,
Dizem muitos por aí...
Que fazer na humana lida
Que a gente tem por aqui?

Nosso salário, a inflação
Devora continuamente.
Mesmo assim, ainda há pão,
Não choremos perdidamente.

Há trabalho, livro, fé,
Afeto, esperança, amor,
Compreensão, até.

Que fazer nessa aflição?
– O bem, sublimando a dor,
Em poemas do coração!

1989

→ *Inquietações profissionais. Novas buscas. Participação em cursos que traduzem o novo momento nacional (regime democrático). Mudança de residência para o Ahú, na propriedade da família: negociações internas que resultaram na aquisição do imóvel residencial.*

→ *Sem crédito, Brasil estuda adoção da moratória.*

→ *Casos de aids triplicariam em dez anos. Naquele ano havia no mundo 5 milhões de infectados. Queda do muro de Berlim. Fim do socialismo soviético e da União Soviética.*

PAI

Ao meu pai, **Saturnino Venerável Maia.**

É o que gera
e também o que ampara,
orienta, conduz.
Pai sorri,
brinca, chora,
sofre, ajuda.
Pai erra, se levanta,
corrige e segue adiante.
Pai pede compreensão,
atenção, carinho.
Pai espiritual.
Pai intelectual.
Pai de caráter.
Pai prático, experiente.
Pai imita o Criador.
Pai é ser humano
pedindo entendimento.
Pai ensina o filho
e com ele também aprende.
Pai tem missão
grande a cumprir,
dela não pode fugir.
Pai é Deus,
que sábio
fez o filho fraco

ser amparado pelo seu pai,
e este, depois velhinho,
recebe do filho
igual carinho
no fim do caminho.
Muito obrigado, Pai,
cujos braços me receberam
na escola da Terra!
Muito obrigado
aos outros tantos Pais
que ao longo da estrada
m'estenderam mão amiga
e m'ensinaram
a caminhar!
Receba meu abraço, Pai!

1990

- → *Prossegue certa maturidade, que reconsidera pessoas, cenários, épocas. Valorização da figura paterna, agora mais bem compreendida. Meu primeiro artigo importado, de uso pessoal: um cachecol, com etiqueta do Uruguai. Até então, comprar artigo estrangeiro ou era muito raro, porque caro, ou "do Paraguai", também difícil.*
- → *Eleição de Fernando Collor, presidente do Brasil; abertura da economia para a comunidade internacional. Receita e Polícia Federal vão fiscalizar alta de preços.*
- → *África do Sul liberta Nelson Mandela, depois de 27 anos preso. Líder principal na luta contra o "apartheid", regime segregacionista de dominação da minoria branca sobre os negros.*

EXÍLIO

Noite opaca, profunda.
Gente que vem e vai.
Veículos passando...
Atletas correndo...
Melancólica paisagem...
Os olhos se voltam para o alto.
Pequenino ponto distante
Brilha faiscante no infinito.
Parece misteriosa esperança
Que mantém a chama da Vida.
Quem sabe lá exista felicidade
Que ainda não mora aqui!

1990

→ *Sofrimentos interiores abalam a rotina do ser; reflexões aliviadas em pobres versos.*

→ *Presidente Collor viaja pelo mundo; acolhido por dirigentes de vários países; 19 dias fortalecendo laços com outros povos.*

→ *Na Argentina, presidente Menem adota medidas de reajuste no plano econômico, político e social.*

ETERNO MAR

Oh, mar, eterno mar!
Que procuramos, ansiosos,
ao menos uma vez por ano
para em suas águas lavar
as dores do ano inteiro!

Oh, mar, eterno mar!
Que desde crianças ouvimos
de nossos pais em histórias,
lendas, relatos,
de gente simples, heroica,
reis, príncipes, imperadores,
aventureiros, piratas,
bandidos e mártires!

Oh, mar, eterno mar!
Que mais uma vez abraçamos
na passagem pela Terra,
nas lutas e dores, nos encantos!
O seu permanente marulhar
compõe canções
em todas as línguas!

Oh, mar, eterno mar!
Que fez poetas e músicos cantarem,
noivas, esposas e mães chorarem,
filhos aceitarem
o apelo sedutor
de por suas águas viajar!

Pais ensinarem
os seus segredos profundos!

Oh, mar, eterno mar!
Que jovens de hoje desafiam –
surfe, iatismo, natação,
exploração submarina!
Crianças olham, medrosas,
e depois, deslumbradas,
com ele fazem castelos e palhaços,
enterram pernas, pescoços e braços
dos seus pacientes pais e avós!

Oh, mar, eterno mar!
Onde ensinou Jesus
doces lições de amor!
Paulo, o Apóstolo, venceu tempestades
conquistando pagãos
ao Cristianismo redentor!

Oh, mar, eterno mar!
Que fenícios, vikings, gregos, romanos
temeram, venceram e cantaram!
Camões imortalizou n' "Os Lusíadas"
contando os grandes feitos
do povo de Portugal!

Oh, mar, eterno mar!
Que guerreiros ensanguentaram,
soberanos enfrentaram
na ânsia nobre ou brutal
de suas conquistas
no mundo de todos nós!

Oh, mar, eterno mar!
Que Magalhães singrou
revelando a Terra – uma esfera!
Colombo venceu
e deu aos homens a América,
Cabral, o Brasil!

Oh, mar, eterno mar!
Que Amado mostra em "Tieta"
aos nossos olhos encantados
como é belo no Atlântico, o Nordeste,
e que a TV registra, no Pacífico,
os temíveis ciclones, tufões, maremotos
que destroem e matam,
em ilhas, aldeias, cidades!

Oh, mar, eterno mar!
Que nos embala com "Moby Dick",
"A Ilha do Tesouro",
"O Conde de Monte Cristo",
"Robinson Crusoé",
"O Lobo do Mar",
"O Homem da Máscara de Ferro",
"Papillon",
"O Velho e o Mar"!

Oh, mar, eterno mar!
Que leva gente por toda parte,
da Ásia à Europa,
da América à Oceania,
do Ártico ao Antártico!

Oh, mar, eterno mar!
Que ensina e disciplina,
surpreende e repreende,
abriga e obriga,
dá sofrimento e alimento!

Oh, mar, eterno mar!
Cujo sal, cuja areia ardente,
sob o calor implacável do rei solar,
me fazem cantar nesta madrugada,
enquanto líquidos e pomadas
tentam aliviar as queimaduras
de um dia de aventuras
após longo jejum!

Oh, mar, eterno mar!
Cantaram os antigos, cantamos nós!

1990

→ *Convivência estreita não só com a família, mas também com amigos e colegas. Espírito de universalidade compartilhada. Praia de Guaciara, litoral do Paraná, Colônia de Férias da Associação dos Servidores do Colégio Estadual do Paraná — nossa estação anual de férias.*

→ *Plano Collor: choque é o maior de toda a história brasileira. Impactos em todos os setores da vida pública nacional. Ayrton Senna faz a melhor volta no 1º Treino para o GP Brasil.*

→ *A agonizante União Soviética (URSS) envia tropas para a Lituânia.*

QUINZE ANOS

*À **Andréia Regina Andreatta**,*
querida sobrinha e afilhada.

Olho para frente,
Olho para trás.
Parece que foi ontem:
Os quinze anos chegaram.

Realidade cheia de coisas novas,
Problemas, trabalhos,
Alegrias, ilusões, incertezas, dores...
Mas eu sonho
com o amanhã,
Gente feliz, sorrisos...

Quero abraçar o mundo,
Dizer tanta coisa,
Fazer o que não se fez,
Consolar os tristes,
Curar os doentes,
Encaminhar os sem-rumo,
Colorir paisagens.

Quinze anos.
Já não sou criança.
Ainda não sou adulta.
Estou entre o sonho e o real,

Quase acordando.

Quero cantar,
Pensar positivo,
Sorrir à tristeza,
Distribuir alegria!

Preciso aproveitar agora
Meus quinze anos.

Vivo de pequenos fatos
E de muitos sonhos.

Gente, cheguei! Estou aqui!
Logo a vida começa!

1990

→ *Traços de sabedoria nas vivências do cotidiano. Visão mais ampla da vida. Alegrias da adolescência; olhares emocionados adultos. Emoções compartilhadas!*

→ *Polícia Federal prende donos de supermercados em São Paulo. Preços congelados; salários prefixados: resultados do Plano Collor.*

→ *Derrota eleitoral de conservadores ingleses.*

O MESTRE JESUS

Incorruptível, Tu já eras antes da Terra,
Espírito redimido, puro.
No amor sublimado e belo que jamais erra
Desde então diriges este globo obscuro.

Obscuro pela chaga do egoísmo selvagem
Que na lenta e longa peregrinação
Vamos deixando na quase eterna viagem
Da busca do progresso, rumo à perfeição.

De Ti falaram Moisés, Isaías e profetas
Outros, preparando-Te árduo caminho
De lutas acerbas, de doces promessas
Que vão se concretizando devagarinho.

Mártires que o circo romano santificou,
Pensadores idealistas presos ao Teu verbo,
Povos humildes e sofredores... Tudo mudou
No planeta-escola, ora não mais cego.

Lentos e tristes se escoaram novos tempos.
Após as luzes que deixaste, trevas, lutas,
Guerras assassinas, perseguições que os ventos
Novos da eterna lei com paciência mudam.

Revolucionaste os costumes, as ideias,
Dividiste o tempo em duas eras – antes e agora.
Do mundo fizeste imensa assembleia
De pessoas em tarefa constante e sonora.

É o trabalho incessante, em toda parte
Criando, polindo, melhorando, construindo,
Transformando a paisagem, elevando com arte
Tudo o que velho e caótico é e vem ruindo.

Não é mau o homem, só ingênuo, ignorante,
Estado que vai vencendo com esforço e dor.
És Tu, Mestre, o eficiente comandante
Desta nau divina que se nutre do Teu amor.

Não mais estás preso no madeiro infamante
Em que a impiedade humana Te crucificou.
Hoje andas entre os velhos, adultos e infantes,
Sentindo os corações, no tempo que passou.

O mundo melhorou, embora as novas crises
Que ciclicamente testam nossas forças.
Tudo muda, evoluciona, e os cruéis deslizes
De ontem em trabalho e vida se transformam.

Estás nas ruas, Mestre, inspirando às criaturas,
Leis moralizadoras, ações dignificantes,
Iniciativas humanitárias, semeaduras
Vastas que a Terra colherá em preciso instante.

Sedentos de amor e luz nós Te procuramos
Em coisas ilusórias, pelas vias terrenas.
Nessa experiência quase sempre Te encontramos
Após a extinção de utopias e quimeras.

Tu nos recolocas nos trilhos da vida

Abundante – o caminho estreito da nobreza
Moral que devemos buscar na dura lida
Da escola da Terra, cheia de tanta beleza!

Mestre prossegues pelos séculos afora,
com paciência aguardando nossa redenção,
Que se faz, inflexível, no curso das horas,
Segundo a divina e sábia lei da evolução.

Querido Jesus, que com amor nos amparas
Nas lutas do mundo que ora tão bem Te bendiz,
Agradecemos o Teu carinho e Tuas caras
Promessas: a Terra será mundo feliz!

1991

→ *Síntese de pensamentos, conceitos, posturas, ideias, demonstrando largueza de visão sobre a realidade objetiva, interpretada à luz da filosofia espírita cristã. [Poema publicado no suplemento "Viver Bem" do jornal Gazeta do Povo. Premiação (1º lugar) no Concurso do Instituto Delfos, 1991].*

→ *26 de março: os presidentes Andrés Rodríguez, do Paraguai, Carlos Saúl Menem, da Argentina, Luis Alberto Lacalle, do Uruguai, e Fernando Collor de Mello, do Brasil, reunidos na capital paraguaia, assinam o Tratado de Assunção, que cria o Mercado Comum do Sul (MERCOSUL), bloco econômico de fortalecimento do cone sul do continente, mais tarde aberto à adesão de outros países latino-americanos.*

→ *Guerras em vários países da antiga Europa Oriental: extinta a União Soviética, países como Iugoslávia, Bósnia, Eslovênia e outros buscavam independência, identidade perdida no tempo. Fotos e mídias de crianças órfãs de guerra, sobretudo, correram o mundo, emocionando, sensibilizando, fazendo sofrer...*

TROVAS DE LUZ

I

Brilha a luz sobre bons e maus,
Segundo o sábio amor de Deus.
Amantes do bem, alguns do caos,
Cada um com os valores seus.

II

Luz na ciência e no bem,
No festival do dia,
Mas sombra nos que têm
E não dão com alegria.

III

Contraste da nossa era:
De um lado tanta luz,
De outro, ilusão e quimera –
Brilho fugaz que reluz.

1991

→ *Busca de oportunidades de divulgação e participação em eventos literários, decorrente de visões amadurecidas. Experiências marcantes em família: filhos no movimento punk e membros da*

Banda Misfire, que fundaram; eu, motorista eventual da banda, com minha Brasília branca, levando-os e buscando-os para shows em parques, bares e espaços pertinentes.

→ *O presidente Collor reúne o ministério em regime de urgência: preocupações com a Guerra do Golfo.*

→ *Começa a Guerra do Golfo: aviões bombardeiam Bagdá; palácio de Saddam é primeiro alvo; Bush, presidente americano, responsabiliza o Iraque; preço do petróleo dispara. Fim da União Soviética: países antes integrantes do bloco agora buscam independência, mas têm traumas históricos antigos não resolvidos.*

CARNAVAL CHUVOSO

I

O ser humano se embrutece.
A natureza chora.

II

Paixões incendiárias dominam a urbe.
Sombras fantásticas e asfixiantes.
Valores respeitáveis fogem, rubros.
A Terra é um circo gigantesco.
Invisível plateia aplaude, delirante.
Pseudomáscaras mostram a realidade.
Cada qual como é:
Palhaço, animal doméstico,
Monstro de mil faces, infante sem idade...
Orgulho, vaidade, violência,
Despeito, devassidão, prepotência,
Puerilidade, arrogância, mediocridade...
A velha Roma de glória e decadência
Reprisa sua história em novo tempo.
É Carnaval.

III

Crianças famintas choram na favela.
Doentes graves sem remédio agonizam.
Pobres criaturas incultas padecem.
Idosos abandonados sofrem solitários.
Misantropos retiram-se da cidade
E longe do mundo tratam do Espírito.
Famílias respeitáveis festejam.
Momo e Baco dançam, felizes,
No coração dos seus súditos.
Passeiam, juntos, a Inocência e a Maldade,
A Ingenuidade e a Calúnia,
O Socorro e o Crime, a Penúria e o Acinte.
Já faz tanto tempo!
Os seres humanos ainda brincam o Carnaval.

1992

→ *Maturidade formal: avô. Novas aventuras no trato com as crianças. Nasceu Andrielle, minha primeira neta, filha do Gilberto e da Tania.*

→ *No Brasil, "Collorgate" expressa o movimento nacional pró-impeachment do presidente Collor, que ocorrerá em setembro, com manifestações em todo o País; o presidente renuncia em 29 de dezembro, tendo seus direitos políticos suspensos por oito anos; Itamar Franco, vice-presidente, assume o governo brasileiro. Nesse mesmo ano ocorre a chacina de 111 presos na Casa de Detenção de São Paulo/Carandiru, com repercussões em todo o mundo.*

→ *20 de janeiro: Bill Clinton toma posse como o 42º presidente dos Estados Unidos.*

REMÉDIO DE DEUS

*À **Andrielle Maia**, minha primeira neta.*

Melancolia.
Lágrimas que não caem.
Sentimentos retidos
no cofre do coração.
Tristeza ignota
que transparece
no olhar sombrio.
Na vidraça,
doce sorriso de criança
torpedeia o mal.
Incontida alegria
invade o ser!
Agradável bem-estar
dissipa as nuvens.
Agora, só venturas!

1993

→ *Papel de pai e avô em destaque, promovendo mudanças no pensamento, na ação. Motorista ocasional de banda punk, em família: Gil, guitarrista; Sandro, baterista; Flávio, vocalista.*

→ *Austregésilo de Athayde, presidente da Academia Brasileira de Letras por longos anos, morre aos 94, no Rio.*

→ *Israel e a Organização para a Libertação da Palestina (OLP) assinam acordo de paz, em Washington; líderes dos dois países, mediados pelo presidente americano Bill Clinton, tentam encerrar 45 anos de conflitos no Oriente Médio.*

ILUSÕES

Ilusões... Ilusões...
Doces, tolas ilusões
Que a gente constrói
Para chorar depois...
Ilusões... Ilusões...

1993

- → *"Idade do lobo"*: recortes da realidade inquietam o ser.
- → *19 de outubro: o cantor norte-americano Michael Jackson termina sua visita a São Paulo.*
- → *25 de abril: o Papa João Paulo II visita Timor-Leste, País ocupado pela Indonésia.*

ESPERANÇA

Divina réstia de luz
A conduzir o ser
Pela jornada infinita...
Sofrer, chorar,
Renovar, prosseguir...
Esperança
É Deus em nós,
Acenando alegrias
Após o reto dever...

1993

→ Consciência alertando para o caminho a seguir.

→ 4 de fevereiro: o presidente Itamar Franco sanciona a legislação que regulamenta a realização do plebiscito destinado a consultar os brasileiros se mantêm o presidencialismo ou adotam o parlamentarismo.

→ 1º de janeiro: a Checoslováquia divide-se, dando origem à República Checa e à Eslováquia, mais uma consequência do fim do socialismo soviético.

DECLARAÇÃO DE AMOR AO COLÉGIO ESTADUAL DO PARANÁ

Neste renascer pelo qual você passa,
Quero lembrar com o carinho de sempre
As coisas doces que juntos vivemos.

Nosso uniforme azul-marinho, gravata,
Camisa branca, sapatos pretos...
Como era bonito e quanto eu me orgulhava dele!

Nosso Distintivo, nossa Bandeira
Hasteada no terraço e insculpida no jardim...
Símbolos caros da nossa nacionalidade!

A Biblioteca, doce refúgio onde eu
"enforcava" a prática de esportes
E enriquecia a mente povoada de sonhos...

A Escolinha de Arte, onde eu convivia
Com colegas artistas, escultores, músicos
E onde por largo tempo expus versos meus...

O Coral, como era bom ouvi-lo ali sentado
Na sombra das cadeiras do balcão do auditório
Enquanto ele ensaiava!

A Fanfarra toda colorida, disciplinada
E austera, a encarnar na passarela
O vigor das festas cívicas...

O Teatro, velho GRUTA de glórias!
Como era gostoso vê-lo em cena
Na realidade e na fantasia!

Seus Atletas, moças e rapazes,
Figuras encantadoras que nos faziam delirar
Na plateia, nos bastidores!

As Piscinas, sempre azuis e sedutoras
A nos atraírem e enfeitiçarem,
Embora o medo de suas profundidades!

O Ginásio de Esportes, mágico espaço
Onde nos sentíamos ídolos, campeões,
Durante as aulas de educação física!

O Observatório Astronômico, o Planetário,
Que nos levou até a NASA
E nos colocou perto da Lua!

Os seus Jardins, sempre verdes e bonitos,
Cheios de flores, de árvores encantadoras,
Cuidados por um mestre, o "seu" Zela!

A Pinacoteca, tão rica de histórias,
Ostentando vultos caros de nossas páginas
E paisagens de Curitiba, do Paraná!

O Clube de Ciências lançando foguetes
Aos sábados pela manhã e nos levando a sonhar
Com verdadeiras naves espaciais!

O Nosso GECEP lutando com palavras
E ações, sonhando em reformar
A sociedade brasileira!

Os Concursos Artísticos e Literários,
Os livros, os namoros, os nossos sonhos,
O medo dos comunistas, o Grupo Escoteiro...

Os Professores! Ah, os Professores!
Inesquecíveis! Os sábios, os camaradas,
Os conselheiros, os amigos...

Os Funcionários, de qualidades marcantes,
Ricos de histórias tristes e alegres,
Amigos, eficientes, cordiais...

As Meninas do turno da tarde
A nos encantarem os meninos,
A fazer-nos heróis sem razão...

E nosso jornal "Longe Lateqve"?
Em suas páginas lavrei os primeiros versos
E aprendi alguns segredos de escritor!

Como não lembrar que você criou
O primeiro programa de Televisão Educativa
Do nosso Paraná? O memorável "Pingos de Saber"!

E a sua Cantina, hein? Fez história.
Os lanches, a pizza, o cachorro-quente,
A sopa da noitinha, e tantas confidências!

O Salão Nobre, com seu ar majestoso
A nos abrigar nas reuniões sérias
E nos encontros festivos notáveis...

Os Laboratórios, misteriosos recintos
De experiências científicas
E deslumbramentos ante os fenômenos!

E os Desfiles? E as Competições Esportivas?
E as campanhas cívicas e fraternais?
E o espírito vanguardeiro ante a realidade?

E as Atividades Extracurriculares?
Línguas estrangeiras, danças,
Excursões, folclore, mil não-sei-o-quê!

Os seus Filmes Educativos!
Como era cativante assisti-los!
Como era bom ver em ação a Natureza!

Outra tribuna de larga importância
Foi o Boletim Informativo:
Quantas páginas pra lembrar!

Do alto dos seus telhados
Uma antena despontava:
Era a Rádio Estadual!

E a Associação de Pais e Mestres?
Imensa assembleia de adultos,
Reunida, solene, no Salão Nobre!

Nasceu a Associação dos Servidores
Num dia de muito sol
Entre Curitiba e o Litoral!

E minhas histórias de funcionário,
Office-boy, almoxarife, datilógrafo?
Outro livro para contar!

No turno da noite, outras experiências!
Outros sonhos! Dores e alegrias,
Decepções, descobertas adultas!

Entrei menino, tímido, frágil
E das suas salas e corredores
Saí homem, casado, quase pai!

Hoje, querido Colégio,
Também vivem aqui os filhos meus,
Com outras paisagens, desafios e tempo...

Por tudo isso, eu me sinto sempre feliz
Ao falar de você, ao reviver nosso amor,
Aquelas épocas que passaram mas ficarão...

Mal adentro os seus portões
E vejo, tão vivos, pessoas e fatos
Daquele nosso tempo tão marcante!

Onde guardar tudo isso,
Tão caro, tão profundo, este tesouro sem par?
Nos refolhos da mente, no cofre do coração!

Dois mundos hoje se entrelaçam:
Um, material, tangível, de coisas e ações;
Outro, invisível, de fatos e lembranças...

Onde estamos nós que passamos por você?
"Combatendo o bom combate"
E agradecidos por tudo que você nos deu!

Receba, querido Colégio Estadual do Paraná,
O nosso carinho, o nosso reconhecimento,
O nosso afeto para sempre, todo o nosso amor!

Compartilhando do esforço público atual,
Nós o saudamos, jubilosos, em nossas vidas,
Pelo que você fez por nós, pelo Paraná, pelo Brasil!

Com amor, seu ex-aluno,
José Maia

16 de setembro de 1993

Poema proferido na memorável tarde de 18 de setembro de 1993 no Salão Nobre do Colégio Estadual do Paraná. Presentes professores, funcionários, alunos, diretores, atuais e de outros tempos, e amigos do CEP, por ocasião de grande reforma física do histórico edifício, realizada pelo Governo do Estado do Paraná, na gestão do governador Roberto Requião.

> → Momento de síntese, emoção, gratidão, reconhecimento, reencontro, renovação. O ser olhando o passado, o presente, com vistas ao futuro.

- *7 de dezembro: o ministro da Fazenda Fernando Henrique Cardoso anuncia o programa de estabilização econômica.*

- *26 de fevereiro: ataque com bomba ao World Trade Center. [Oito anos mais tarde, em 2001, ocorreria a grande tragédia conhecida como o Onze de Setembro.]*

EXPIAÇÃO

Na escola da Terra, lutas e provas
Ásperas, amargas, em todo lugar.
Necessárias, sim, na via dolorosa –
marcos a vencer, graus a conquistar!

Lágrimas no lar, irmãos em conflito,
Trabalho difícil na dura estrada
De calhaus e poeira... Barulhos, gritos
A nos agredirem na caminhada.

Sem esmorecer, busquemos Jesus,
Mestre, guia, modelo, alma de escol
Que com coragem e fé elevou a cruz

Da morte em haste de libertação!
Redimido, puro, não tinha rol
De dívidas cruéis, pra reparação!

1993

→ *A sonhada maturidade não implica ausência de conflitos, que surgem em novo tempo, no meio familiar.*

→ *PC Farias, empresário, tesoureiro na campanha eleitoral do ex-presidente Collor, é preso na Tailândia.*

→ *Brasil e Canadá negociam acordo para transferência de presos entre os dois países. Episódio parece ter surgido em decorrência do sequestro do empresário Abílio Diniz, do Grupo Pão de Açúcar; segundo denúncia da Folha de São Paulo, pode ter havido lobby nesse sentido.*

AMOR

Trabalhos, cansaços,
suores, alegrias, incômodos.
Gente, máquinas, papéis,
ordens, providências.
E sonhos e esperanças
enchem a faina diária.
Por que é assim?
Amanhã, como será?
Dever, obrigação,
necessidade de fazer.
Nesse afã
brilha o amor –
chama inapagável,
perene claridade
no lusco-fusco
de todo dia.
Sua essência
só Deus conhece!

1993

→ *Novas buscas interiores: significados para o cotidiano. Sentimentos mais amplos em relação a pessoas e fatos. Atuação como secretário-geral e representante da Casa Civil no Conselho Estadual dos Direitos da Criança e do Adolescente (CEDCA); implantação do Estatuto da Criança e do Adolescente (ECA), no Paraná; em decorrência, diversas viagens a Brasília, para reuniões e eventos do Conselho Nacional dos Direitos da Criança e do Adolescente (CONANDA).*

→ *O então ministro da Fazenda, Fernando Henrique Cardoso, assina com o Fundo Monetário Internacional (FMI) acordo da dívida externa brasileira, estimada em 134 bilhões de dólares.*

→ *6 de abril: explosão nuclear numa fábrica de produtos químicos na cidade siberiana de Tomsk, Rússia, pondo em evidência — como ocorrido em 1986, na usina de Chernobyl — os perigos da energia nuclear e seus malefícios para a humanidade.*

APELO

*À **Andrielle Maia**, minha primeira neta.*

Eis-me aqui!
Não foi de proveta,
De pai e mãe nasci.
Mesmo que o fosse,
Teria pais junto de mim.
Onde eles estão?
Minha mãe a trabalhar,
Depois às vezes a passear.
Também meu pai:
De dia, trabalho,
De noite, lazer.
E eu aqui,
Com meus tios e avós,
Ensaiando os primeiros passos
Nesta nova experiência
Em que Deus me colocou.
Preciso de leite e pão,
De cuidado, de agasalho,
Mas também de amor,
De atenção, de carinho,
Nesta fase da minha vida,
Neste meu novo caminho.
Sei que há crianças
Órfãs de pais vivos,
Com fome de afeto.

Por isso, aos meus pais eu peço:
Me levem a passear,
Venham comigo brincar,
Me deem sua atenção!
Vocês prometeram
Quando eu estava pra chegar.
Vocês serão felizes
Em sua bela missão!
Espero que vocês
Possam me ajudar!

1993

→ *Avô em xeque. Idem pai, marido, profissional. A poesia favorece catarse, terapia.*

→ *Matança de índios ianomâmis, em Roraima. Juiz decreta a prisão de 19 garimpeiros acusados de participar na chacina de Haximu.*

→ *14 de junho: a abertura da Conferência Mundial sobre Direitos Humanos, em Viena, Áustria, registra o boicote de 13 Prêmios Nobel por não ter sido autorizada a participação do Dalai Lama devido a pressões do governo chinês.*

MAGIA DA NOITE

Já é dia.
Que pena!
Todo o belo sonho
se desfez.
É preciso
a luta enfrentar!

1993

→ No mundo íntimo do ser, fenômenos psicológicos, filosóficos e sociais continuam produzindo transformações nos olhares para o cotidiano.

→ 23 de julho: oito crianças e adolescentes são mortos por policiais militares ao lado da Igreja da Candelária, no centro do Rio de Janeiro, num massacre que ficou conhecido como Chacina da Candelária.

→ 12 de agosto: o líder sérvio da Bósnia ameaça utilizar armas nucleares contra a Europa, no caso de esta intervir militarmente em seu País.

ARTE E VIDA

Age, febril, o ser humano em toda parte.
Lavra a terra, cava, funde metais, constrói,
Compulsa livros, ensina, limpa e, com arte,
Retoca, feliz, quadros diários que lhe doem.

Esforço, pó, suor, cansaço, sangue, problemas,
Pedras, objetos, máquinas, papéis, vestuário;
As coisas ficam mais belas, ricas, amenas,
Com a obra do artista, precioso relicário.

Está a arte também na grande lei do trabalho,
Dever severo que a todos rege e conduz
Na via do progresso incessante e sem atalho.

Arte! Às vezes é verdade, outras vezes engano,
Válvula que governa, musa que seduz,
Mão amorável de Deus no cenário humano!

1993

- → *Participações em eventos literários e movimentos interiores mexem com o ser.*
- → *29 de agosto: 21 moradores da favela de Vigário Geral são assassinados por policiais militares, no Rio de Janeiro, durante a invasão, num massacre chamado de Chacina de Vigário Geral.*
- → *Jurassic Park estreia nesse ano, proporcionando onda de filmes muito bem-aceitos sobre o mundo dos dinossauros, encantando pessoas de todas as idades.*

SAUDADE DE SER BOM

Senhor, agradecemos
A graça que recebemos...

Renovação
Da união conjugal,
Rumo à perfeição...

Adeus, ilusões e fantasias,
Conquistas sombrias
Agora em pó...

Salve a poesia
Da beleza da vida
Que canta harmonias
Em todo lugar!

"Vamos nos espiritualizar!
"Você é o meu marido querido
"Que Deus me deu ou emprestou" ...

"Você é a mulher querida
"Com que Deus me presenteou
"Para a nossa viagem pela Terra"!

Obrigado, Senhor,
Com todo o meu amor!

1993

→ *Novas sínteses da vida, do cotidiano; novas posturas diante de acontecimentos corriqueiros da vida familiar, profissional... Conflitos conjugais superados.*

→ *19 de outubro: o cantor norte-americano Michael Jackson termina sua visita a São Paulo.*

→ *15 de outubro: o Prêmio Nobel da Paz é atribuído a Frederik de Klerk e a Nelson Mandela, este por sua luta heroica contra o preconceito racial na África do Sul (apartheid).*

ÂNSIA SUPREMA

Voar,
Saber,
Transcender...
Romper fronteiras,
Atravessar mares,
Não ter distâncias,
Limites, barreiras...
Ânsia irrefreável
De avançar,
Desejo enorme
De ver
Paisagens de luz,
Cultivar
Pensamentos,
Virtudes,
Sentimentos...
Pequeninos grãos de areia
Na praia imensa,
Queremos brilhar
Entre as estrelas!

1993

→ *O ser tentando romper os limites estreitos que o prendem no dia a dia.*

→ *21 de abril: a maioria dos brasileiros decide manter a república presidencialista no plebiscito; parlamentarismo rejeitado.*

→ *24 de setembro: Nelson Mandela pede o fim das sanções contra a África do Sul, em discurso na ONU. Estados Unidos atendem prontamente ao apelo.*

UMA ESPINHA ATRAVESSADA NA GARGANTA

Faz vinte e cinco anos
que uma espinha na garganta
me incomoda.
Desde que saímos da favela,
por onde andamos durante seis.
Já fiz roteiro dos principais acontecimentos.
Ensaiei algumas crônicas,
meti-as numa pasta de arquivo,
uma delas publiquei em forma de conto,
que mereceu menção honrosa num concurso.
O roteiro continua como tal,
e a espinha me incomodando a fala,
a respiração, a locomoção.
Eu querendo tirá-la,
botar num papel aquele mundo de coisas
e a espinha teimosa a não sair do lugar.
Apelo, então, para o meu anjo guardião.
Que ele possa me ajudar
a botar pra fora
aquela espinha atravessada na garganta
há vinte e cinco anos.
Já é tempo.
Uma árvore plantei, filhos gerei,
só falta este livro teimoso que não sai.
Espero que logo mais...

1994

→ *Indignações diante da veia literária que caminha a passos lentos. Tentativas de ir além.*

→ *1º de Maio: Ayrton Senna, tricampeão da Fórmula 1, que sempre brilhantemente representou o Brasil nessa modalidade esportiva, morre em Ímola, Itália, a 300 quilômetros por hora. Comoção no Brasil e no mundo.*

→ *Nelson Mandela, ex-preso político e virtual eleito à Presidência da África do Sul, prega conciliação nacional.*

AGOSTO, DIA CINCO

Autoridade, qualidades intelectuais, virtudes morais –
trinômio harmonioso
Que idealmente deve caminhar *pari passu*
Para o cumprimento do desiderato humano.

O superior abrindo caminho na selva densa
Das imperfeições e ignorância humanas,
Indicando pelo seu exemplo e saber
O caminho a seguir, a meta a atingir.

O inferior cumprindo o seu papel
Com responsabilidade, amor, ordem, disciplina,
Nunca invertendo o sentido das coisas,
Ainda que exemplos no meio lhe faltem.

No conjunto do atual Governo do Paraná
Que em tão pouco tempo ganha o aplauso popular,
Na equipe competente, dinâmica e operosa
Da administração estadual, dois vultos sobressaem:

Um, Comandante-em-Chefe, firme, cativante, decisivo,
Com seu estilo sóbrio, prudente, amável,
Concentrando a autoridade, ouvindo os companheiros,
Decidindo com pleno conhecimento de causa:
O Governador Engenheiro Mário Pereira.

Outro, Capitão da Guarda, maduro, experiente,
Fiel da balança na equipe,

Filtrando ideias, pensamentos, para decisões certas,
Com sua simpatia, vivências, vastos conhecimentos:
O eminente Magistrado Dr. Luís Gastão de Alencar
Franco de Carvalho.

Com tal dupla de homens públicos empreendedores,
Ora freio oportuno, ora necessária ofensiva,
A cúpula do governo paranaense
Por certo deixará, indelével, a marca
Deste tempo histórico e realizador em nosso Estado:
O governo Mário Pereira.

Hoje, em destaque, a homenagem a este homem inconfundível,
Por suas qualidades intelectuais, virtudes morais,
Iniciativa, coragem – Feliz Aniversário, Dr. Luís Gastão!

5 de agosto de 1994

- → *Palácio Iguaçu, sede do governo do Paraná, em Curitiba. Nova experiência profissional como assessor do então chefe da Casa Civil, juiz Dr. Luís Gastão de Alencar Franco de Carvalho, no governo Mário Pereira, antes vice-governador no primeiro governo Roberto Requião.*

- → *12 de junho: a seleção brasileira de basquete feminino conquista o título inédito de campeã mundial, após derrotar a equipe da China, em Sydney, Austrália.*

- → *20 de dezembro: início da operação comercial da internet no Brasil.*

DIVÓRCIO

Navega em alto-mar
a embarcação do casamento.

Com amor, a suor de lágrimas
e a esforço hercúleo,
seus tripulantes
superam o fragor das ondas revoltas
e aportam, embora exaustos,
no porto feliz.

Ou, com ódio,
põem a pique a nave
e em fuga, por caminhos opostos,
segue cada qual num bote salva-vidas.

Encontram-se, mais tarde,
na ilha da neutralidade,
por inadiável apelo dos filhos.

Observando-se hoje tal panorama,
já não se sabe o que é normal –
se vencer juntos a refrega
ou se partir em duas a nave
e cada qual seguir no que restou.

1994

→ Observador de fenômenos humanos, sociais, participação mais intensa na causa da criança e do adolescente; preocupações com violências nesse segmento, como a Chacina da Candelária, no Rio de Janeiro, que mexeu com a consciência brasileira.

→ No Brasil, em 1º de julho, nasce o real, nova moeda, equivalente a CR$ 2.750,00. Governo espera inflação de até 5% no primeiro mês.

→ Divulgadas cartas entre Jean-Paul Sartre e Maurice Merleau-Ponty, dois mestres do pensamento francês, e rompimento entre ambos, em 1953.

NOITE DE AMOR

Tu me procuraste – eu te aceitei.
Tu me beijaste – eu correspondi.
Tu me amaste – eu te amei.
Eras mesmo tu!

Tuas vestes brancas – teu perfume –
Teu calor – teu sorriso – teu amor!

Sinto-te ainda, ao despertar!

Eras tu mesmo, que me procuraste,
e eu te aceitei!

Tu me amaste – eu te amei!

Tu estavas comigo – eu estava contigo!
Tuas mãos em meus cabelos...
E nós nos amamos!

Tudo era verdadeiro!
Mas quando acordei, não te vi,
e lamentei...

Embora algemado prisioneiro,
à noite estive livre
para outros voos.

Que amor o teu por mim!
Que amor o meu por ti!

1994

→ *Emoções em conflito. Buscas intrapsíquicas. Nova experiência profissional, no meio prisional, agora em nível de carreira, como assistente social. Deixei a Casa Civil/Palácio Iguaçu, em outubro, e assumi funções na Penitenciária Central do Estado do Paraná, em Piraquara, por cinco anos seguidos.*

→ *Brasil é tetracampeão mundial de futebol: seleção bate Itália na primeira decisão de Copa por pênaltis. Brasil em festa! Fernando Henrique Cardoso é eleito presidente brasileiro.*

→ *Acidente de helicóptero, nos Estados Unidos, mata Matias Machline, presidente do grupo Sharp, e sua mulher, Marina Araújo.*

ASTRO-REI DA POESIA

À Poeta do Paraná, **Helena Kolody,** *na Colônia de Férias da Associação dos Servidores Públicos do Paraná (ASPP), Praia de Caiobá.*

O Sol esteve ausente
Durante esses dias,
Frustrando nosso passeio
Na praia.
Para muitos de nós, porém,
Havia Sol porque
Uma grande diva
Da Poesia Paranista
Estava lá.
Seus raios solares
Aqueceram os corações
Que dela se aproximaram:
Seu nome: Helena Kolody!

13 de novembro de 1995

→ O autor e sua família na ASPP: sem estresse em ocasião de renovação energética, mental, espiritual...

→ A cantora Simone lança o CD 25 de Dezembro, o primeiro disco da história da indústria fonográfica brasileira que apresenta exclusivamente canções cristãs/natalinas. O disco vendeu mais de 1,5 milhão de cópias em um mês e meio.

→ Áustria, Finlândia e Suécia juntam-se à União Europeia.

MÃE DE RECLUSO

Às mães dos filhos internos da Penitenciária Central do Estado do Paraná, Piraquara.

Meus olhos
E meu coração
Choram por ti,
Por causa
Do teu filho preso!

1995

→ O ser em emoções profundas diante do novo cenário profissional.

→ 12 de outubro: o bispo da Igreja Universal Sérgio von Helde chuta uma estátua da padroeira do País durante dois programas da Rede Record e provoca reações em todo o Brasil.

→ 24 de fevereiro: a mais antiga instituição financeira de investimentos do Reino Unido, o Barings Bank, entra em colapso devido à perda de 1,4 bilhão de dólares em atividades de especulação na Bolsa de Tóquio, levadas a cabo pelo seu corretor Nick Leeson. Pânico no mundo econômico.

BEM MAIOR

Felicidade é poetar,
As belezas cantar!
O segredo, porém,
É tempo encontrar
Para essas pequeninas coisas
Que tornam bela a vida!
Momento, inspiração...
Tudo é riqueza
Quando se tem
Olhos de ver
E ouvidos de escutar!

1995

→ *Sem perder a sensibilidade da poesia, embora os quadros por vezes dantescos do dia a dia. Em foco a atuação como assistente social no meio prisional.*

→ *9 de agosto: um conflito armado entre sem-terra e policiais militares deixa dez mortos em Corumbiara, no estado de Rondônia.*

→ *11 de maio: prorrogado o Tratado de Não-Proliferação Nuclear, assinado em 1968 e que abrangia, na época, 187 países.*

MORRER NO BOM COMBATE

Se eu tiver de tombar em combate,
Ante a rudeza do ataque inimigo,
Que nessa hora coragem não me falte,
Serenidade e paz sejam comigo.

Diante da refrega, em rude peleja,
Encontre-me eu alerta, armado e presto.
Diante da morte inevitável, que eu esteja
Livre da escravidão, do vil arresto

A que se entregam, dóceis, almas fracas,
Que não se guardam sob a luz da prece
Em noite escura e paisagens opacas.

Se eu, pois, tiver de morrer em combate,
Que a liberdade, qual ceifeira em messe,
Me ache forte e na coragem me baste.

15 de maio de 1995

- → *Novas capacitações profissionais exigidas pelo Serviço Social Penitenciário: cursos, treinamentos, estudos. Autoenfrentamento como caminho para o autoconhecimento, para a consciência do próprio ser.*

- → *No Brasil, cai o monopólio do petróleo: emenda constitucional aprovada pela Câmara dos Deputados põe fim a 42 anos de privilégio estatal, que se concentrava na Petrobras. Fim de algumas eras; nascimento de paradigmas.*

→ *Assassinado por um estudante o primeiro-ministro de Israel Yitzhak Rabin, que dois anos antes havia assinado com o líder palestino Yasser Arafat acordo de paz que punha fim a 45 anos de guerra entre a Organização para a Libertação da Palestina (OLP) e o Estado judeu.*

"É POSSÍVEL REFORMAR AS PRISÕES?"

(Questão apresentada por Maria Soares de Camargo em seu livro "Terapia penal e sociedade". Campinas: Papyrus Livraria Editora, 1984.)

Sim, é possível reformar as prisões
Tais como as conhecemos hoje.
Não mais depósitos cruéis
De seres humanos, nossos irmãos
Que delinquiram, que erraram.

Sim, é possível reformar as prisões.
Não mais o ácido amargo
Das paredes frias, da solidão,
Da violência, da tortura,
Do medo, da insegurança.

Sim, é possível reformar as prisões.
Não mais a angústia, a morte,
A sombra, a dúvida, o isolamento,
O desequilíbrio, a ilusão do crime,
O abandono, o sofrimento.

Sim, é possível reformar as prisões.
Mostrando-se ao irmão que errou
O sol no horizonte,
A bússola segura,
Um caminho a seguir.

Sim, é possível reformar as prisões.
Vendo-se o preso como irmão,
Tal como Jesus nos ensinou.
Um irmão que pede apoio,
Compreensão, rumo, amor.

Sim, é possível reformar as prisões.
Porque hoje já compreendemos
Que a sociedade desumana,
a família desestruturada
Geram o nosso irmão criminoso.

Sim, é possível reformar as prisões.
Assim como do pântano imundo
Nasce a flor que perfuma a vida,
Do erro, da queda
Brota o ser humano transformado.

Sim, é possível reformar as prisões.
Quebrar o rigor das grades,
Da dupla penalização,
Eliminar a corrupção
Que grassa no meio prisional.

Sim, é possível reformar as prisões.
A tarefa é ingente, desafiadora,
Mas há clima propício
Em diversos níveis hierárquicos,
Em muitos lugares do País.

Sim, é possível reformar as prisões.

Coragem, determinação, boa vontade,
Sacrifício, renúncia, elevação moral
São algumas qualidades vitais
Aos membros deste nobilíssimo empreendimento:
a APAC.

Sim, é possível reformar as prisões.
À luz da divina lei,
Da técnica, da lei humana,
Contrariando o quadro dantesco
Das prisões de todo o mundo.

Sim, é possível reformar as prisões.
A resposta clara e objetiva
Está no método APAC,
Aplicado hoje no Presídio Humaitá,
Nas demais APACs que se alastram pelo Brasil
E ultrapassam nossas fronteiras.

Sim, é possível reformar as prisões.
A nós que passamos a conhecer
A realidade deste método humano
Que levanta o véu do rigor da lei
E mostra que o preso é nosso irmão.

Sim, é possível reformar as prisões.
Quando a sociedade brasileira tem a felicidade
De em seu seio receber
Criaturas nobres que recebem nomes
Como os Doutores Mário Ottoboni, Sílvio Marques Neto,
Armida Bergamini Miotto, Hugo Veronese
E muitos outros corações sensíveis,

Irmãos abnegados que desbravam caminhos
Na selva densa do coração humano.

*No encerramento do IV Congresso Nacional das APACs,
São José dos Campos (SP), 6 a 9 de julho de 1995.*

1995

- → *Dedicação de corpo e alma à nova causa profissional, o Penitenciarismo. Participação em eventos diversos (viagens, cursos). Conhecimento da notável metodologia de tratamento penal, aplicada pela Associação de Proteção e Assistência aos Condenados (APAC), criada pelo advogado Dr. Mário Ottoboni, de São José dos Campos (SP), com base na experiência realizada no Presídio Humaitá, daquela cidade.*

- → *Em São Paulo, número de miseráveis cresce 42,2%, conforme estudo realizado pela Fundação Seade, instituição estadual. Pobreza absoluta identifica 2,3 milhões de pessoas nessa condição.*

- → *Terror explode prédio nos Estados Unidos: maior atentado do País, contra edifício do governo federal, em Oklahoma; primeiras informações dão conta de 78 vítimas fatais.*

CORAGEM, IRMÃO PRESO!

Homenagem aos **Internos da Penitenciária Central do Estado do Paraná**, *em Piraquara, região metropolitana de Curitiba, Natal de 1996.*

É Natal, amigo, e você espera
O presente maior – a Liberdade!
Lembre, porém, no silêncio da cela –
Em Deus sublimamos toda saudade!

Os pais idosos, a esposa, os filhos,
A casa humilde, a rua, o parque, a vila,
Os amigos, os morros, os trilhos
Do trem, os rios, os pássaros, as traíras,

Os afetos leais, amores sinceros,
Alguém anônimo, pessoas no mundo
Que cruzavam seu caminho, austeros,
Ora sofriam com você cada segundo.

Embora numa prisão, meu amigo,
Nem tudo está perdido – você trabalha,
Estuda, esforça-se, aprende, tem consigo
A luz do sol, da fé que lhe agasalha

O coração ansioso, restaura a mente.
Tudo muda, nada para, o tempo passa.
Devagarinho, vem nova semente
De amor para que a vida se refaça.

Você foi apenado, esqueça o crime,
Retome o caminho do bem, da paz,
Recorde: a dor faz sofrer, mas redime,
Nos obriga a ir em frente, não para trás.

Ocupe a cabeça, os pés, as mãos,
Use cada hora construindo o porvir,
Todos somos companheiros, irmãos,
Buscando veredas por onde ir.

Se temos certeza, paguemos os erros,
conforme dispõem as duras leis da Terra.
Se desconhecemos porque o desterro,
Lembremos Jesus: aqui todos erram

Porque somos alunos repetentes
Em escola áspera e necessária,
Frequentando cursos emergentes,
Cada qual num setor, num tempo, numa área.

Coragem! Fé! Bom ânimo! Esperança!
Suporte com denodo hoje a prova.
Quem espera, paciente, sempre alcança,
Viva cada dia, tudo se renova!

1996

→ *Prossegue intensa participação na causa do Penitenciarismo como atividade profissional. Novas interpretações da realidade social. [Poema publicado pelo jornal O Eco, idealizado e produzido pelos presos internos da Penitenciária Central do Estado, Piraquara, Paraná, Natal de 1996.]*

→ *Avião da TAM cai sobre casas em São Paulo e mata 101 pessoas; maioria era executivo. PC Farias é assassinado em Maceió: tesoureiro da campanha do ex-presidente Collor prestaria depoimento no Supremo Tribunal Federal.*

→ *Portugal é apontado como roteiro turístico europeu: calma, beleza e encantamento atraem turistas.*

MÃE II

Quase impossível em palavras traduzir
O seu significado, todo o seu sentido.
Ser mãe é ser luz, é ser sol, é sempre luzir,
Embora às vezes tudo pareça perdido.

A maternidade é dignificante missão
Que Deus concede às suas nobres embaixadoras –
As mulheres que transformam o seu coração
Em templo de amor e de lutas redentoras.

Mãe! Anjo de beleza e de paz em nossas vidas,
Estrela-guia a nos orientar na tempestade,
Pouso de amor e força que nos reergue nas caídas!

Quanto temos de trabalhar pra merecer
Este braço sincero e amigo da verdade
Que por nós vive, ama, sofre e se deixa morrer!

1996

- → *Gratidão, reconhecimento, homenagens: viagem interior, introspecção.*
- → *Estudo em São Paulo mostra que rebeldia na aula indica problemas: matar aula, esquecer material em casa, destruir objetos pode ser sintoma de falta de comunicação.*
- → *Ano Internacional para a Erradicação da Pobreza, pela Organização das Nações Unidas (ONU).*

CRUZ DE LIBERTAÇÃO

Homenagem ao irmão **Dante Greca**, *companheiro de ideal espírita.*

I

Querido amigo que regressas
Para o Mundo Espiritual,
Segue, tranquilo, sem pressa,
Pois viveste na sã moral

Do Evangelho de Jesus.
Abriste veredas, caminhos...
Firme, carregaste tua cruz,
Superaste abrolhos e espinhos.

Resignado, viveste a prova
Dura da tua libertação,
Na dor que na Terra renova

O Espírito em crescimento,
Que busca, ciente, sua redenção
No Trabalho e no Sofrimento!

II

Com Fé, hoje rogamos a ti
As bênçãos do Mestre Jesus.

Recebe, caro amigo, aí
O único tesouro que luz

Perante o mundo da Verdade!
Comprova, irmão, os ensinos
Da Eterna Espiritualidade,
Onde poderás ouvir os hinos

Da bela música espiritual!
Agradece a Deus, o Criador,
Que lutaste por um Ideal

De trabalho, Paz e Alegria!
Nele viveste com Amor.
Ouve, feliz, suaves melodias!

1996

- → *Homenagens a pessoas amadas — mãe, familiares, amigos — levam a criações poéticas catárticas. Emoções profundas com a partida de um amigo com quem o autor conviveu por muitos anos, no movimento espírita curitibano, bem como com sua família.*
- → *2 de março: os integrantes da banda Mamonas Assassinas morrem quando o jato em que voavam cai sobre a Serra da Cantareira, em São Paulo. Comoção no mundo artístico e sobretudo entre crianças e adolescentes.*
- → *5 de novembro: Bill Clinton é reeleito presidente dos Estados Unidos.*

CASAMENTO, ANO 23

Para a **Claudete**, *rainha do nosso lar.*

Um amor de mulher:
Sorriso espontâneo e belo
Num rosto de menina-moça.

Cabelos longos, castanho-escuros,
Olhos profundos e misteriosos,
Boca em feitio de meiguice,
Conjunto harmonioso e cativante
Que um dia me enfeitiçou.
Era uma festa de igreja
Num domingo encantador.
Mãe, vou achar uma Esposa!
E o doce milagre aconteceu!
Quantos diálogos noite adentro!
Quantos silêncios compreendidos!
Quantos planos!
Às vezes quantas ideias em conflito!
E assim preparamos nosso caminho
Para as lutas necessárias do porvir!

O noivado, o casamento,
Os filhos, a escola deles,
As lições de cada dia,
As perdas e as novas conquistas,
O trabalho da mulher, outra vez,

Depois de formado o lar.
E novos desafios...

Os conflitos, os ciúmes, as lições de amor,
A adolescência dos filhos,
Os novos aprendizados...

Os filhos casando, as noras,
A filha namorando,
A família se ampliando,
Novos familiares, novos parentes,
As netas chegando...

E todo dia um novo amanhecer,
Uma nova lição,
Uma nova esperança...

O tempo passando,
O céu azul entremeado de nuvens fugidias,
Às vezes tempestades violentas,
O vaso de carne sofrendo as agruras naturais,
E a alma imortal evoluindo, se iluminando...

No alto, guiando a embarcação,
O Divino Comandante – Jesus!
Sopram ventos, trepida o barco,
Pedras ameaçadoras surgindo
E a nave segue, sob novas esperanças!

Vinte e três anos faz que começou a viagem,
Melhor: são já vinte e seis.

Cisterna de amor que o meu ser abastece...

Clau, eu te amo,
Mais ainda hoje do que ontem!

Minha gratidão pelo teu carinho!

Parabéns pela nossa união!

25 de outubro de 1998

→ *Domingo de chuva, mas um dia lindo, encantador. Você de plantão na penitenciária. Eu caseiro com algumas tarefas. O Edu em Morretes. A Lu com o Ricardo. A vó Licya vendo o Gugu. O Sandro e a Paty em lua-de-mel. O Gil dormindo porque trabalhou a noite toda. A Dri com a mãe, Tânia. A Milena curtindo TV com a Mari. A Leide e a Mila aprendendo a aceitar a chegada da Kika — siamesa que veio ontem. A Xuxa dormindo lá fora ao som da chuva que cai. Panetone, uvas, champanhe. Viva a vida familiar!*

→ *O Brasil na Copa do Mundo de Futebol, na França. Foi difícil perdoar a derrota brasileira. Naquela tarde-noite, fiquei de plantão no meu trabalho. Amarguei tristemente, como os brasileiros decepcionados. Eu quis dormir na unidade penal, onde atuava como assistente social; o serviço de segurança não me permitiu. Mais tarde, identifiquei o caso como fenômeno psicológico de "prisionização", quando o trabalho no sistema penitenciário já se apresenta como dependência psicológica, passível de tratamento terapêutico.*

→ *O sociólogo Fernando Henrique Cardoso é reeleito presidente do Brasil.*

LOIROS CABELOS

Relembrando **Marylin Monroe.**

Loiros cabelos
de doce encantamento...
Loiros cabelos
que hipnotizam...
Loiros cabelos
que transportam
para outra dimensão...
Loiros cabelos
da ilusão brilhante...

São diferentes
dos morenos,
ruivos, castanhos,
apenas a cor,
a luminescência...

Sua função é a mesma:
cobrir o centro pensante,
protegê-lo,
encantá-lo...

Loiros cabelos
que adornaram
a Musa-Sexy do cinema,
que a acompanharam

em sua trajetória-relâmpago,
em seu clímax,
nos holofotes
de Hollywood...

Loiros cabelos
que terminaram sua jornada
na laje fria do campo santo
de Washington...

Loiros cabelos
que até hoje,
tantos anos depois,
ainda turvam
os olhos adolescentes
de multidões...

A essência, porém, a essência!
O mais importante,
que não perece,
que não se perde...

A essência é o Pensamento,
é o Sentimento,
é a Mente,
é o Coração,
são as Ações...

Em lágrimas, triste,
nos braços de um Amor-Maior,
junto da lápide melancólica,
ela reconhecia

ter perdido tempo, energia, ocasião
e se tornado objeto à revelia,
um *sex-symbol* inútil
nas mãos dos Hedons
de nosso tempo...

Pedia nova oportunidade
de trabalho e de amor,
longe da ribalta,
da ilusão,
do aplauso...
E certamente então
no doce esquecimento
da reencarnação
palmilhará os caminhos do mundo
para trabalhar, sofrer, corrigir-se,
amar, se libertar
e legitimamente então brilhar!

Marylin Monroe,
Que os teus cabelos loiros
mostrem a essência do ser!
Que a tua lição amarga
sirva para nós
na caminhada!

1999

→ *Novo foco profissional mexe com minha habilidade para escrever: fui trabalhar na Secretaria de Estado do Meio Ambiente e Recursos Hídricos (SEMA) como redator do Gabinete do Secretário Hitoshi Nakamura, por dois anos, quando também participei do meu primeiro curso de especialização, este pela modalidade a distância (hoje chamada EaD), com foco em "Serviço Social e Política Social", certificado pela Universidade de Brasília e por instituições da área, como o Conselho Federal de Serviço Social (CFESS) e a Associação Brasileira do Ensino de Serviço Social (ABEPSS). Outra vez, novas visões da realidade, novos relacionamentos, descobertas. Lembrança suscitada por diálogos sobre a consagrada atriz norte-americana.*

→ *3 de novembro: o estudante de Medicina Mateus da Costa Meira mata três pessoas na sala 5 do cinema do Morumbi Shopping, zona sul da capital paulista; antes disso, o fenômeno era recorrente nos Estados Unidos e na Europa.*

→ *Forças da Organização do Tratado do Atlântico Norte (OTAN) atacam Iugoslávia: operação militar é a maior na Europa desde a Segunda Guerra Mundial; Rússia condena ofensiva.*

CURITIBANIZANDO O NOVO MILÊNIO

A crítica que a gente ouve
Aponta que essa curitibanização
Está parecendo copiação.
Copiaram dos ingleses
A Rua 24 horas.
Dos parisienses,
A Rua das Flores,
Os quiosques.
Agora vieram a Renault,
A Audi Volkswagen,
A Chrysler, a Peugeot.
Tomara que não venham também
Um Jack, O Estripador,
Nem um Barba Azul.
Que não venham também
Uns caras de topete
Dando uma de mandão
Em cima do povão,
Só porque mordem a língua
Quando falam estrangeiro.

O que a gente quer
É que Curitiba continue humana,
Recebendo de braços abertos
Gente que aqui quer viver,
Trabalhar, realizar sonhos,
Construir...

Globalizar não quer dizer espoliar.
Derrubar fronteiras não é imperializar.
Tem que haver Democracia, Cidadania.
De outro modo é tudo ilusão besta
Que cedo ou tarde vai trazer dor.

1999

→ *As descobertas de conhecimentos, áreas de interesse, prosseguem; incursões poéticas renovadas.*

→ *Setenta e cinco mil pessoas protestam contra o presidente Fernando Henrique Cardoso, em 26 de agosto de 1999: privatização da TELEBRAS e crise econômica em pauta. Vozes governistas consideraram as manifestações como um alerta ao governo.*

→ *Ano Internacional dos Idosos, pela Organização das Nações Unidas (ONU).*

SALTO MORAL

Quebrem-se os grilhões
das tolas ilusões
do coração do homem.

Rompam-se os elos,
pesados camartelos
que o homem guarda
na retaguarda.

Abram-se as algemas
Que retêm a siriema
atada ao chão,
na escuridão.

Voe o homem para o céu,
deixe de viver ao léu
qual folha sem direção.

Levantem-se comportas,
corrijam-se vidas tortas,
siga o homem o seu fanal.

A hora é chegada:
dar salto de guinada,
não depois – já, agora!

1999

→ *Movimentos interiores do ser mantêm-no entre o cotidiano profissional de escrever na área do meio ambiente, a criação literária poética, a família, o movimento espírita e perspectivas de atuação na docência do ensino superior.*

→ *11 de março: um blecaute atinge dez estados das regiões Sul, Sudeste e Centro-Oeste e o Distrito Federal, causando preocupações em todo o Brasil.*

→ *1º de janeiro: o euro começa a ser usado em transações eletrônicas, em 11 países membros da União Europeia.*

JESUS ESTÁ NO LEME!

Viaja, lentamente, celeremente, a nave da Terra,
no compasso da evolução, com outros mundos.
Não ao acaso, que não existe, e sim no rumo
das eternas leis que regem a vida universal.

A Terra não nasceu de um sopro mágico,
conforme a lenda, em seis dias de 24 horas.
Os dias são períodos geológicos
de incontáveis milhares de anos.

É fruto de meticuloso trabalho técnico,
espiritual e moral, dirigido por um Mestre
e inumeráveis auxiliares, num trabalho
gigantesco e anônimo, ao longo do tempo.

O Espírito Humano, saindo da caverna,
ergueu abrigos, criou vestuário, armas,
ferramentas, edificou o lar. Devagarinho,
em mil vidas, saiu do casulo e alçou voo.

Fundou a Civilização, fez a História,
criou o Mito, fundou a Lógica, abriu caminhos,
construiu embarcações, descobriu leis,
venceu mistérios, fez luz!

Em toda a Terra – tão grande para nós,
tão pequena para o Universo! – o Homem brilhou!

Edificou cidades, fez maravilhas, já entende Deus
e gradualmente deixa a ignorância e o erro.

Países, comunidades, idiomas, costumes,
tudo hoje se globaliza e toma caráter de bem comum.
Quebram-se fronteiras, rasgam-se véus,
extinguem-se ódios e toma corpo a Lei de Amor.

Cada nação com sua tarefa, segundo os talentos,
cada ser com sua prova, seu caminho a trilhar.
No leme está o Divino Comandante – Jesus! –
Sereno, confiante, amorável e sábio!

Dirige Ele a nossa embarcação terrena,
na jornada infinita da evolução.
Nada há a temer, nenhum receio a alimentar.
Segue nossa nave-mãe em direção ao porvir!

"Brasil, Coração do Mundo, Pátria do Evangelho",
doce ninho que amorosamente nos acolhe,
segue, tranquilo, tua meta, teu caminho
acolhendo as almas viajantes do espaço-tempo

que somos todos nós, Espíritos-aprendizes,
construindo nosso acervo de experiências,
nosso tesouro de trabalho, estudo, caridade e paz
na quase eterna caminhada para a Luz!

Se Jesus está no leme, lembramos com ardor
suas sábias e doces lições de sabedoria:
a Fé transporta as Montanhas da dúvida,
dos problemas, dificuldades e da ignorância.

O Ser adquire, cada dia, saber, virtude,
domínio do exterior, autoconhecimento,
e na marcha inexorável do progresso
conquista o mundo e a si mesmo.

O Fim do Mundo não é material.
É no campo mental, moral,
o fim das ideias loucas, dos preconceitos,
dos erros, do rastejar no pó.

Segue a embarcação terrena, nesse ritmo,
de Mundo de Provas para de Regeneração.
É a destinação da Terra. É o porvir!
Quem espera cataclismos, mudanças bruscas

se decepcionará porque Deus não derroga
suas Leis de Amor, de Sabedoria.
Tudo segue, com calma e paciência,
e o Ser se libertará um dia, feliz,

após a longa peregrinação, vida após vida,
construindo a si mesmo, na luta do mundo.
Jesus está no leme! E dirige, sereno,
a nave da Terra, da treva para a luz!

11 de agosto de 1999

→ *Hoje é data prevista para o Fim do Mundo, segundo anotações históricas, e dia de eclipse solar, sobretudo visível nos céus da Europa. Só no século 19, um célebre astrônomo, Camille Flammarion, registrou 25 anúncios do fim do mundo, dados por homens de ciência e filosofia, místicos, fanáticos e pseudossábios.*

→ *No Brasil e no mundo, preocupações dessa natureza.*

→ *Também em caráter geral, posições favoráveis e contrárias à Globalização, fenômeno que coloca o ser humano como sujeito que transcende fronteiras nacionais, étnicas, culturais, religiosas — cidadão da comunidade mundial.*

FRAN, FELIZ ANIVERSÁRIO!

Para **Franciele Cristina Evers**.

F az bem à gente reunir os amigos,
R enovando laços afetivos, crescendo juntos,
A mando a Vida – eterna sinfonia –,
N a qual contribuímos com nossa cota de luz!
C omo o dia de sol que hoje se faz,
I ndo e vindo encontramos razões
E lementares para prosseguir,
L utando cada dia como se fosse o último
E vivendo cada hora como única e sem igual!

C orações felizes, neste dia
R elembramos nossa amiga Franciele:
I nspirando-nos no seu aniversário,
S inal do nosso carinho e amizade
T emos agora para com ela:
I nstantes de abraços, sorrisos,
N a SEMA-Escola que ora nos acolhe
A uxiliando-nos mais a servir.

É assim que abraçamos nossa Fran,
V itoriosa companheira de trabalhos da CEA!
E sem que queiramos, hoje e sempre,
R umos novos se fazem todo dia
S ilenciando queixas e exaltando qualidades!

Fran, com a Amizade e o Carinho
Dos seus Amigos da SEMA*, Feliz Aniversário! Parabéns!

* Secretaria de Estado do Meio Ambiente e Recursos Hídricos do Paraná, na época assim denominada.

1999

→ Homenagear amigos é um traço do modus operandi do ser. A poesia encanta.

→ 11 de março: ocorre um blecaute nas regiões Sul, Sudeste e Centro-Oeste do Brasil, atingindo dez estados e o Distrito Federal.

→ 20 de abril: ocorre o maior atentado a escolas do mundo, na cidade de Colorado, Estados Unidos. O evento ficou conhecido como Massacre de Columbine.

MA, UMA AMIGA NO TEMPO

M aria, querida Amiga, companheira de lutas palacianas,
A distância física é apenas variável fugaz.
R elembrando nosso convívio humano e profissional,
Í mã que atrai pessoas, almas, corações,
A proveito este hoje para homenageá-la.

A final, é a sua data natalícia, e isto nos alegra
P orque renovamos laços de amizade e carinho
A os quais me prendo com grato contentamento.
R osas, lírios, margaridas, açucenas, dálias e violetas,
E nfeixo tudo isso num ramalhete colorido,
C olocando-o em sua mesa de trabalho, em sua casa,
I rradiando néctares e vibrações de paz a Você.
D eus a abençoe mais uma vez, e à sua Família amada,
À qual envio também meu fraterno e carinhoso abraço.

S ou eu, seu amigo de hoje e fã de outras vidas,
A guardando no tempo, para além destas plagas,
N este plano material ou no da perene alegria,
C aminhando juntos rumos à Perfeição.
H aja o que houver, suceda o que suceder,
E is que todos precisamos evoluir, crescer, amar,
S omando forças, agindo no Bem, sublimando paixões!

Ma, com o carinho de sempre, Feliz Aniversário! Parabéns! Um grande abraço a Você por este 29 de agosto de 1999. Seu amigo de hoje e de sempre, Maia.

29 de agosto de 1999

→ *Lembrando pessoas caras do dia a dia profissional, cujo convívio ensejou experiências frutíferas para o crescimento do ser.*

→ *7 de março de 1999: falecimento de Antônio Houaiss, filólogo, escritor, crítico literário, tradutor, diplomata e professor; autor do Grande Dicionário Houaiss da Língua Portuguesa.*

→ *Paraguai: congresso abre processo de impeachment do presidente Raúl Cubas Grau, acusado de assassinato do seu vice, Luís Maria Argaña.*

LIANA, NOSSA QUERIDA AMIGA

L aços de amor fraterno
I nterligando almas e corações
A nte as experiências frutíferas
N os ligam hoje mais que ontem
A qui na escola do Meio Ambiente.

M ais do que elos profissionais
A atividade diária nos torna amigos irmãos
R umo a melhores dias de conquistas
C aras para o pensamento e a ação.
I ntenso programa de esforços nobres
A limenta-nos o sentimento a se depurar.

J amais desesperar, nunca desaminar!
U ns caem e não se levantam,
S omente vencem os que prosseguem!
T odos somos companheiros de jornada
E Você é a nossa Alma Irmã muito querida
N ascendo todo dia em nosso coração!

Com o Carinho Perene dos seus Amigos da SEMA.

18 de outubro de 1999

→ *Admiração e respeito propiciando homenagem à aniversariante, pessoa de valores nobres, catalisadora de potencialidades transcendentais, beneficiando outras:* **Liana Marcia Justen**, *pedagoga, mestra dedicada, sensível à Educação Ambiental, um dos ícones da contemporaneidade.*

→ Carlos Frederico Marés de Souza Filho, presidente da Fundação Nacional do Índio (FUNAI) (que fora procurador-geral do Estado do Paraná) anuncia que pedirá demissão do cargo em protesto contra a polícia baiana, que agrediu manifestação indígena organizada.

→ Inglaterra: Câmara dos Lordes do Reino Unido decide sobre o processo de extradição do ex-presidente do Chile general Augusto Pinochet (de 83 anos) para a Espanha; crimes a ele imputados após setembro de 1988. Seu governo foi uma das mais ferrenhas ditaduras latino-americanas.

MARIA, DOCE MARIA

M aria, cujo nome sublime evoca lembrança sagrada,
A miga, companheira, profissional de primeira linha,
R eiteramos hoje nosso carinho por Você,
I nspirados que somos pela sua conduta entusiasta
A cada dia que nos encontramos para a sinfonia do trabalho.

H á na vida muitos perfis de criaturas:
E stas trabalham duro e não veem o horizonte,
R umam ao sabor dos ventos e circunstâncias,
R enteando ora com o ideal, ora com o pessimismo.
M uitas outras têm retórica vibrante e pouco fazem,
A outras cabe o cinzento da indiferença...
N ão é o seu caso, muito pelo contrário.
N a convivência muito aprendemos com Você.

D istingue-se Você pelo seu perene estado de espírito,
E stimulando a Equipe, renovando, mostrando céus azuis,
S em pieguismo, sem panos quentes, com terno realismo,
T emos em Você a chefia segura, compreensiva
E a amiga participante das nossas lutas comuns.
F azemos nossos trabalhos, às vezes vamos além,
A lcançando limites que ignorávamos antes
N os caminhos estreitos que então víamos:
I sto tudo porque Você comanda a nau com Sabedoria e Amor!

Maria, Parabéns pelo seu Aniversário! Muitas e muitas Felicidades! Os seus Amigos e Companheiros da SEMA, preciosa Escola de hoje a todos nós!

21 de outubro de 1999

→ *Emoções transbordando do cotidiano em torno de pessoa farol, raio de luz no ambiente profissional na Secretaria de Estado do Meio Ambiente e Recursos Hídricos: Maria Herrmann Destéfani, socióloga, profissional de recursos humanos no Governo do Paraná, chefe de gabinete da SEMA, gestão do Secretário Hitoshi Nakamura.*

→ *Setenta e cinco mil protestam conta o governo Fernando Henrique Cardoso, em Brasília: quadro econômico e social agrava-se.*

→ *População de Timor Leste vota pela independência da Indonésia; onda de violência cresce em todo o País.*

FELIZ ANIVERSÁRIO!

R umos novos todo dia se apresentam
I nspirando-nos nos caminhos de cada dia...
C ada um de nós é autor do seu destino,
A través do tempo e do espaço.
R emando em rio tranquilo ou mar alto,
D ominando ondas revoltas e montes íngremes,
O nde quer que estejamos somos nós mesmos

E m aprendizado constante, na evolução!

L uzes e oportunidades por toda parte,
U nindo corações e pensamentos, em construção!
C omo seguir avante, como superar entraves?
I sto tudo depende da Vontade, do Querer, da Ação,
A inda que tudo sejam dificuldades, obstáculos,
N ada detém o voo da águia, o vento,
A mor em toda parte, precisamos de olhos de ver!

Ricardo, Feliz Aniversário! Parabéns! Zé, Clau, Edu, Gil, Sandro, Dri, Mari, Milena, Pati, Gabriel, Bisa Licya.

22 de outubro de 1999

→ *Alegrias em família: filha e genro no centro das atenções, ensejando expansões do amor paternal, maternal, filial, fraternal. A poesia ensejando registro de emoções e sentimentos.*

→ "Marcha dos 100 Mil" em Brasília, contra o governo Fernando Henrique Cardoso: a "voz rouca das ruas" quer mudanças na política econômica.

→ Forças militares de Kosovo (Sérvia) são bombardeadas pela Organização do Tratado do Atlântico Norte (OTAN).

EU, GABRIEL

*[Meu avô **José** escrevendo por mim].*

G anhei hoje mais alegria em minha vida,
A mor e carinho da minha Família.
B rinquei no colo de meus pais, padrinhos, avós, bisas e tios,
R indo, dormindo, tranquilo, feliz,
I sto tudo porque hoje me batizaram na Medianeira,
E nfim, conforme os costumes da Igreja Católica,
L evado fui numa festa com muitas outras crianças.

D iante de tanta gente eu me comportei bem:
O utras crianças choraram, eu não,
S atisfazendo assim meus pais, padrinhos, avós, bisas e tios.

S anto Antonio foi o meu patrono que o padre falou.
A ssim, quando eu for grande vou lembrar dele
N os caminhos da vida que a gente tem pra caminhar.
T udo o que a gente enfrenta aqui na Terra,
O s brinquedos, os trabalhos, os problemas, as lições,
S inal de que tudo está melhorando dia a dia.

A mor os meus pais e outros familiares me ensinarão,
N as muitas experiências que vamos viver juntos.
D as pequenas às grandes alegrias ou tristezas,
R indo ou chorando, cantando ou sofrendo,
E nfrentando o sol e a chuva, o dia e a noite,
A té os frios e ventos e os campos e montanhas,

T irando de tudo proveito e lições e alegrias,
T razendo para o presente tudo o que é útil,
A vante seguirei com o amor de meus Pais.

M ais que tudo na vida deverei dar importância
À s virtudes da alma e do caráter,
I nspirado em Jesus Cristo, nos Santos e Heróis Anônimos,
A mando sempre, aprendendo, estudando e trabalhando!

> **Hoje, 24 de outubro de 1999, foi meu batizado na Igreja de Nossa Senhora Medianeira de Todas as Graças.** *É um domingo de primavera, de sol, com vento frio. Meus pais fizeram um almoço que parece bem gostoso para os convidados:* **meus padrinhos (vó Cristina e tio Rodrigo), vô Orlando, vó Claudete, vô José, tio Rafael, bisa Rosa, bisa Licya, Paola** *(namorada do tio-padrinho Rodrigo),* **tio Eduardo** *(que foi meu fotógrafo em muitos momentos) e quem mais aparecesse. Na igreja, tudo estava muito bonito: ouvi muitas músicas religiosas lindas e orações e palavras também. E uma mulher cantou uma música do Roberto Carlos muito curtida, que diz... "como é grande o meu amor por você!" Um abraço, galera, que eu estou aqui! Gabriel.*

24 de outubro de 1999

→ *Alegrias familiares enriquecendo a alma, que em tudo vê pretexto para poetar.*

→ *No Brasil, mistério não desvendado ressurge: morte de PC Farias, tesoureiro da campanha do ex-presidente Collor, volta a ser investigada.*

→ *Nasce o euro, moeda única do continente europeu.*

CURITIBA, CURITIBA!

Um recado ao poeta **Paulo Leminski.**

Pois é, Poeta,
Curitiba a mesma já não é.
Agora está com ares
De capital do mundo.
Será que quer desbancar New York?
Capital Ecológica,
Com jeito europeu, asiático, americano.
Favela e invasão têm *status*.
Violência a três por dois,
Chacina na periferia, quebra-pau,
Jovens dormindo de dia
E vivendo a noite.
Gente morando na rua.
Prostituição aberta e *light*.
Corruptos na política e na *society*.
Desemprego, miséria, morte, dor.
Parques, verdes, água, turista.
Mas ainda têm bola, pipa, rolimã,
Crianças brincando no campinho, na rua,
E também cercadas de gradil.
Escola pra todo lado,
Shopping, mercado,
Ônibus metronizado.
Os arranha-céus saindo do centrão,
Agora pintando nos bairros também.

Assim está a Curitiba que a gente vê.
Tem uma talvez
Que não dá pra saber do amanhã.
Como no seu tempo, Poeta,
Uma coisa não mudou:
A *City* continua fincada 900 metros
Acima do nível do mar.
Por favor, se puder
Vê se ajuda daí
Pra ela continuar humana!

2000

→ Reiniciei minha carreira de professor de Serviço Social, na Faculdade Espírita. Lecionar, para mim, foi gratificante experiência que me ensejou múltiplas lições de vida. Um ar menos formal, mais despojado, leva o ser a um texto mais coloquial, a formas mais simples e naturais de viver, agir, poetar. Homenagem ao Leminski, um dos ícones da poesia curitibana, conhecido além-fronteiras da antiga província, sempre lembrado por suas criações surpreendentes, inovadoras, na literatura e na música brasileiras.

→ O Brasil comemora os seus 500 anos do descobrimento, com eventos por todo o País. Gustavo Kuerten é o primeiro do mundo, no tênis, e torna-se herói brasileiro com caráter.

→ Ciência decifra código genético e inicia nova era para a medicina: nas próximas décadas, conhecimento será usado para entender a ação das doenças.

CÉLIA

C omo é bom encontrar Você todo dia,
E m sorrisos e gentilezas e atenções e cuidados!
L ições de respeito, cidadania e educação,
I sto é o que Você nos transmite
A o nos receber com carinho na SEMA!

G raças ao seu trabalho e de tantos outros
O s que aqui trabalham e aqui vêm
M ais felizes se sentem,
E m fraternidade e bem-estar,
S atisfazendo interesses e realizando sonhos!

D a escola preciosa do trabalho
A os rios da experiência, tudo se renova!

S omos, assim, companheiros de luta comum
I nspirados ao aprendizado e ao serviço à comunidade,
L ouvando o momento, aproveitando o dia,
V alorizando a oportunidade, enriquecendo o ser,
A té que busquemos outros sítios, outros caminhos!

Célia, Feliz Aniversário! Parabéns pra Você!

2000

→ *Trabalhando com a comunicação escrita e falada, a redação, a revisão de textos e homenageando pessoas colegas de cotidiano profissional.*

→ *Pleno emprego é o sonho dos brasileiros, que também pedem políticos mais honestos e fim da violência: pesquisa do Data-Folha em 23 de abril de 2000.*

→ *Cientistas decifram o primeiro código genético de uma planta: biologia molecular considera que a descoberta da erva daninha Arabidopsis thaliana é base para a compreensão de toda planta.*

VIDA SEM FIM

Não há morte
E sim vida em toda parte!

Não há adeus
E sim até logo mais!

Assim, toda dor
Se transforma em amor!

2 de maio de 2000

- → *Reflexões maduras surgidas no cotidiano, em momentos assim: trajeto para o trabalho, cantarolando no banheiro...*
- → *11 de junho: o tenista Gustavo Kuerten conquista o bicampeonato do torneio de Roland Garros, ao vencer o sueco Magnus Norman por 3 sets a 1 na França.*
- → *7 de março: o Papa João Paulo II pede perdão pelos erros cometidos pela Igreja Católica nos últimos 2 mil anos, entre eles a Inquisição e as Cruzadas, o desrespeito às outras religiões e culturas, a catequização e hostilização ao povo judeu.*

CLAUDETE

C omo há vinte e oito anos passados,
L embramos hoje nosso primeiro encontro:
A tarde de domingo, o sol, a igreja,
U m passeio inesquecível, nós dois, a sós,
D epois a sua casa, o namoro, sonhos, emoções mil!
E m nossos corações alegrias, inquietações,
T udo nos falava de um encontro singular:
E stava marcado: seríamos marido e mulher!

6 de fevereiro de 2000

> → *Doces lembranças do primeiro olhar, primeiro encontro, dos tempos que se seguiram...*

> → *22 de abril: em Porto Seguro, Bahia, festejos pelos 500 anos do Descobrimento do Brasil. Confrontos e problemas técnicos com uma réplica do navio de Pedro Álvares Cabral transformam as comemorações num desastre, segundo avaliação da imprensa.*

> → *26 de junho: cientistas dos Estados Unidos e da Grã-Bretanha anunciam o primeiro rascunho da sequência completa do genoma humano. Temas como clone de seres humanos e outros similares tornam-se ponto focal de debates.*

SAUDADES

Da mãe, do pai, dos irmãos, da infância risonha;
Das descobertas;
Dos sonhos vividos, sentidos, realizados, escondidos, passados;
Dos lugares, das paisagens, das ocorrências boas;
Das escolas, dos amores platônicos, dos cinemas, das estradas;
Dos acampamentos escoteiros, dos rios, vales, florestas, montanhas;
Da primeira namorada, do primeiro beijo, dos amores de cinema;
Das amigas quase namoradas que a gente não ousava confessar;
Dos amigos que se foram, ao largo, no mar bravio, e se acham na Terra ou na Vida Espiritual;
Dos filhos quando pequenos, crianças inocentes a dependerem da gente;
Da chuva na calçada, no rosto, nos pés, na vidraça;
De uma amiga distante...

9 de novembro de 2000

- → Trabalhando em redação, na criação e na revisão de textos, na área de Meio Ambiente: novos interesses pela Literatura, novas pessoas no cenário, novos projetos, novos sonhos. Meu filho caçula estagiando em Educação Ambiental, na mesma instituição — Secretaria de Estado do Meio Ambiente e Recursos Hídricos do Paraná (SEMA). Eu me reiniciando professor de Serviço Social na Faculdade Espírita.

- → Governo Fernando Henrique Cardoso: grandes transformações no cenário político, administrativo, econômico e social brasileiro. Críticas ao Neoliberalismo.

- → No mundo, passado o impacto da virada do milênio, constata-se que milagres não acontecem, o ser humano é o mesmo em todas *as épocas; os problemas têm de ser resolvidos; o Conhecimento tem grandes avanços, em todos os campos, mas há muito sofrimento, carência, dificuldades por toda parte...*

RETORNO À VIDA MAIOR

Quando chegar a hora de partir
Tudo teremos de deixar
Da vida material.

Daqui só levaremos
O bem e o mal que fizermos.

É preciso preparar
O novo lugar
No mundo espiritual.

Aqui estamos em luta árdua –
Trabalho, expiação, estudo, sofrimento...
É preciso fortalecer
Nossas resistências morais...

Hoje, o exemplo, o dever,
O amor, a caridade fraternal,
Embora as tempestades
Que varrem o palco de nossas vidas...

Amanhã, certamente,
A paz da consciência tranquila
E a alegria do retorno
Ao País da Luz,
Onde resplandece Jesus –
Eterno Amigo
Das nossas almas convalescentes!

2001

- *Alma pequena diante da grandiosidade dos bens recebidos na caminhada: autoconsciência do ser.*

- *30 de julho: coronel Ubiratan Guimarães é condenado a 632 anos de prisão pela morte de 102 presos do Massacre do Carandiru.*

- *11 de setembro: os Estados Unidos sofrem maior ataque da história: torres do World Trade Center e parte do Pentágono são destruídos. Milhares de pessoas morrem em atentados de autoria inicialmente desconhecida, depois identificada como sendo do Talibã, grupo terrorista islâmico contrário à vida ocidental, centralizado na figura de Osama Bin Laden. Bolsas param, petróleo dispara e aumenta temor de recessão global (FSP).*

RIMAS DO COTIDIANO

Poesia
Que se irradia
Na noite fria.

O catador
Imerso em suor
Exala amor.

Criança na rua
De pele nua
Olha a lua.

Chuva fina
Parece cortina
Que ilumina.

Beleza!
Tanta pureza
Da Mãe-Natureza!

Rosto em alegria
Lembra Maria
E fantasia.

Pela vidraça
Olhando a praça
A vida tem graça.

Obrigado, Senhor,
Pai Redentor,
Com todo o amor!

28 de agosto de 2001

→ *A poesia movendo sentimentos, emoções e levando o ser à expressão escrita, diante de quadros do cotidiano.*

→ *Vinte e quatro presídios rebelam-se em São Paulo: o chamado crime organizado surge como "poder paralelo", no meio prisional, desafiando instituições, governos, autoridades e a sociedade civil.*

→ *15 de janeiro: é lançada a Wikipédia, enciclopédia virtual.*

MÃE

M ãe! Luz de Deus iluminando a Terra!
A mor-Renúncia em sublime movimento!
E strela-guia a luzir no firmamento!

2001

- → Saindo de experiência profissional ligada ao meio ambiente e retornando ao sistema penal. Fortalecimento da figura materna na vida das pessoas presas e particularmente na vida do autor.
- → 23 de abril: a Comissão de Direitos Humanos da ONU aprova a resolução proposta pelo Brasil para o acesso da população mais humilde a medicamentos. Tal aprovação foi o início de uma abertura para a quebra de patentes dos medicamentos indicados no tratamento da aids, que aconteceria em maio.
- → 11 de setembro: as torres gêmeas do World Trade Center, em Nova York, são destruídas, e o Pentágono, em Washington sofre grandes perdas após um ataque terrorista atribuído ao saudita Osama Bin Laden, da organização terrorista Al Qaeda. Pelo incidente e pela ousadia, foi considerado o maior ataque terrorista da História. Temores de um conflito mundial.

O 10º PARTO NACIONAL DO CBAS* NO RIO DE JANEIRO E SUAS REFLEXÕES

*Congresso Brasileiro de Assistentes Sociais

*A todos os **Queridos Colegas de Serviço Social e Amigos** que compartilharam do precioso espaço do 10º CBAS, no período de 8 a 12 de outubro de 2001, no campus da Universidade Estadual do Rio de Janeiro (UERJ).*

Num dia de outubro iniciamos viagem
Ao cartão postal do Brasil: Rio de Janeiro!
De braços abertos, do Cristo a imagem
Nos reúne em operoso canteiro!

A Universidade Estadual – grande UERJ!
Antes, porém, as alegrias do encontro
Nos hotéis e pousadas – doce albergue
De repouso, café da manhã, ponto

De partida aos trabalhos do 10º CBAS,
Congresso Brasileiro de Assistentes Sociais!
Fórum de avanços, capacitação,
Mais de três mil almas que em paz
Vieram fertilizar a mente e o coração!

Conferências, debates e sessões
Temáticas; livros, profissionais,

Arte, cultura, programações
Diversas, compras, vendas e tudo o mais

Que a aldeia global pode oferecer
Para o deleite da razão sedenta
De avaliações, *insights*, novo fazer
Que nos fortalece, que nos acalenta!

Neoliberalismo, Globalização,
Políticas Públicas, Direitos Sociais,
Do Trabalho a precarização,
Estado Mínimo – práticas letais!

Privatização, desmontes, ongs,
Novos atores do cenário mundial.
Do Brasil querido o braço se alongue,
Buscando soluções, detendo o mal.

Contradições, dúvidas, polêmicas,
Descobertas, certezas, novos sinais
Indicando graves crises sistêmicas
A exigirem trabalhos colossais

Dos bravos "Insistentes" Sociais
Que se não deixam intimidar
Diante das questões fenomenais
Que o cotidiano insiste em registrar!

Intervalos de amizades e passeios,
Alegrias, emoções, sentimentos,
Inquietações, lágrimas, anseios,
Esperanças, sorrisos, bons pensamentos!

A realidade social nos desafia:
Questões preocupantes, quadros ruins,
Porém, em clima de amor e alegria
Buscamos soluções com nossos afins!

Teorias, técnicas, conhecimentos,
Estratégias, processos, a discussão,
Reuniões, entrevistas, instrumentos,
Metodologia, ciência, oração!

A escola ensina, a dor redime,
O problema inquieta, o livro aclara,
Firme ação no bem supera o crime,
O pensamento orienta, a boca fala!

O convívio com colegas ilustres
E companheiros do dia a dia
Traz-nos a verdade, sem o embuste
Da farsa sistêmica que contagia!

Apesar do sofrimento geral,
Brilha no horizonte a Esperança!
Em ação positiva contra o mal
Caminhamos com o Idoso e a Criança!

Rio – ícone da nossa história,
Capital cultural, meca brasileira,
Centro de lutas, conquistas, glórias!
Nossa gratidão por esta semana inteira!

Compreensão nova, rico manancial,

Conhecimentos valiosos a socializar.
Se "aprender dói", é no bem geral
Que somos felizes! Compartilhar!

2001

- *Emoções e entusiasmo ao participar pela primeira vez de um congresso nacional de assistentes sociais, no Rio de Janeiro: encontro com autores da área, reencontros com colegas, novas amizades, novas experiências profissionais e de vida.*

- *18 de fevereiro: acontece a maior rebelião de presos no País, com cerca de 23.500 adeptos, em 25 estabelecimentos penais do estado de São Paulo.*

- *13 de novembro: os Estados Unidos prometem reduzir em dez anos seu arsenal de ogivas nucleares de 7.036 para um total entre 1.750 a 2.200 unidades. Incrível! O País que mais se preocupa com a proliferação de armas nucleares no mundo mantém todo esse arsenal mortífero!*

BALANÇO DO ANOITECER

*Pelo Dia Nacional da Pessoa Idosa, 27 de setembro, e especialmente à **querida colega Assistente Social Donária de Fátima Ferreira**, em homenagem ao brilhante trabalho que realiza nessa área em Campinas, estado de São Paulo.*

As fases todas da vida
Têm sua doce compensação:
Alegria, força, guarida,
Ciência, certeza, compreensão!

Na última idade há vantagens
Que outras idades não têm:
É do alto que se vê a paisagem,
Caminhos que vão e vêm.

Nos impulsos da juventude
Sonhamos, fazemos, erramos,
Vem um dia a senectude:
É quando nos avaliamos.

Os erros que trouxeram dor,
As ilusões que alimentamos,
Os frutos do vero amor,
Sonhos bons que realizamos...

Hoje temos muitas certezas,
Menos dúvidas, questionamentos...

Aprendemos lições nas asperezas!
A Esperança reduz sofrimentos!

Mágoas, dissabores, saudades –
Visitantes que fazem sofrer...
Porém em todas as idades
Podemos sempre aprender!

Perdas, sim, pelo caminho,
E muitos ganhos também.
Flores, alegrias, espinhos,
É assim que avançamos além!

Tempo? Em muito depende de nós!
Às vezes, ele nos escapa,
Parece-nos uma perda atroz,
Outras vezes, amplia etapas...

Morte? Vimos os que em vida
Morrem e caminham ao léu,
Outros sofrem, choram e na lida
Vertem lágrimas e vão ao céu!

Filhos? Amigos ou não de retorno
Ao doce remanso do lar,
Propiciando no calor do forno
Experiências para avançar!

Estudos, trabalhos, obrigações,
Sacrifícios, renúncias, amores,
Desafios, sonhos, arranhões...
Assim vivem os vencedores!

Um tesouro muito valioso
Ganhamos nesse longo trajeto:
Sabedoria – ponto luminoso
A nos indicar o caminho reto!

Na aventura, na viagem,
Jamais podemos esquecer:
Deus nos dá sempre coragem
Para um correto viver!

E se chegamos rotos e tristes
Ao final de dura caminhada,
Tenhamos fé, outra vida existe,
Nunca é vão o pó da estrada!

Por fim, diante de tudo – gratidão –,
Pelas alegrias que a vida nos dá!
Sol, flores, sorrisos, ventos, canção,
Vitórias, resgates, muita paz!

2002

- → *Sinais de maturidade insinuam-se ao lado de inquietações de etapas vencidas: novas visões da realidade. Enaltecimento à terceira e às demais idades subsequentes.*
- → *O Brasil sagra-se pentacampeão no Mundial de Futebol; Ronaldo Fenômeno destaca-se; festa em todo o País.*
- → *27 de outubro: o Brasil, diante da crise econômica de 2002, elege o ex-metalúrgico Luiz Inácio Lula da Silva do PT como presidente da República, com mais de 52 milhões de votos, fato noticiado pela imprensa de todo o mundo.*

I LOVE

A bird sings in my heart
Because I love…

I love my people
I love my family
I love my friends
I love my pupils
I love you…

A bird sings in my heart
Because I love…

I love my school
I love my work
I love my group
I love my hobby
I love you…

A bird sings in my heart
Because I love…

I love the poor
I love the sufferers
I love the unemployed
I love the tired ones
I love you…

A bird sings in my heart
Because I love…

I love the animals
I love the plants
I love the sea
I love nature
I love you...

A bird sings in my heart
Because I love...

I love my God
I love my parents
I love my children
I love my neighbors
I love you...

A bird sings in my heart
Because I love you!

22 de junho de 2002

→ *First Saturday of the Winter. I was in the street, after classes at the university. I offer this poem-song to my pupils of Social Work.*

→ *27 de outubro: Luiz Inácio Lula da Silva, do Partido dos Trabalhadores (PT), é eleito o 35° presidente do Brasil com mais de 52 milhões de votos na eleição presidencial.*

→ *26 de agosto: cerca de 100 chefes de Estado e mais de 50 mil cientistas, militantes e diplomatas reúnem-se em Joanesburgo, África do Sul, para a Cúpula Mundial sobre Desenvolvimento Sustentável, presidida pelas Nações Unidas, chamada de Rio+10 por trazer novamente à tona os acordos firmados em 1992 na ECO-92, realizada no Rio de Janeiro.*

SER SUPREMO

Que artista extraordinário
Pintou este cenário de luz
Que meus olhos veem?
Deus!

1º de fevereiro de 2002

→ Constatações óbvias na poesia do dia a dia.

→ 25 de julho: o Sistema de Vigilância da Amazônia é inaugurado em Manaus pelo presidente Fernando Henrique Cardoso.

→ 10 de março: durante o Fórum de Davos (na ocasião, Fórum de Nova Iorque), para discussão do futuro da globalização, o presidente americano George W. Bush afirma que Irã, Iraque e Coreia do Norte formam o "Eixo do Mal".

LEMBRANDO ANA GENTIL

Homenagem às queridas amigas de sempre:
D. Elza, Elsi e Maria Cristina Gabardo Costa.

E m formoso cenário das Araucárias,
L onge do tumulto metropolitano de hoje,
Z iguezagueando pelo interior, em Rio Negro do Paraná,
A menina Elza nasceu, cresceu, lecionou,

A mou, casou-se com o Dr. Brasílio, teve três filhas,
N as quais depositou suas esperanças...
A s lutas que teve foram muitas!

G arra não lhe faltou, forças Deus lhe concedeu
E na forja do trabalho gigantesco,
N a escola do lar, no templo da instrução,
T eve ela conduta exemplar: esposa, mãe, mestra,
I rradiando permanente energia...
L uz se fez mais além: Lavínia, Elsi e Maria Cristina

G anharam seus lugares ao sol, com esforço e amor!
A ssim até hoje transcorreu sua luta, marco progressista,
B eneficiando gerações inteiras, dos filhos aos bisnetos,
A os demais familiares, parentes, amigos, agregados,
R einando todos qual constelação no céu azul,
D ominando o espaço, o tempo, a história, em esplendor,
O ração eterna na escala da vida – tudo evolui sem cessar!

C om o coração pleno de emoções,
O s seus amigos de jornada laboriosa
S ó temos a agradecer profundamente a Deus
T odas as bênçãos que haurimos com este ser tão querido –
A na Gentil – **Elza Gabardo Costa** – amiga de nossas vidas!

2002

→ *Gratidão: o ser beneficiado por vibrações de amor fraterno aprofundando o sentido de histórias de vidas de pessoas inesquecíveis na trajetória. Homenagem a três professoras presentes na vida do autor desde a adolescência: amigas conselheiras. Retornei ao Sistema Penitenciário como assistente social: Complexo Médico-Penal (antigo Manicômio Judiciário) e Divisão dos Serviços Técnicos e Assistenciais do Departamento Penitenciário do Paraná: múltiplas atividades, principalmente as inovadoras unidades penais terceirizadas, mais tarde estatizadas.*

→ *30 de junho: morre em Minas Gerais, aos 92 anos, o médium e um dos maiores divulgadores do Espiritismo no Brasil e no mundo, Chico Xavier. Ele que alimentava o desejo de morrer num dia em que o Brasil estivesse feliz. Seu desejo foi atendido: nesse dia, o Brasil ganhou o pentacampeonato de futebol, na Copa do Mundo Fifa de 2002, disputado no Japão e na Coreia.*

→ *19 de maio: o Papa João Paulo II proclama oficialmente santa a Madre Paulina. Seu santuário, em Nova Trento, Santa Catarina, passa a receber cada vez mais visitantes de toda parte, num intenso movimento de turismo religioso.*

COMPROMISSOS DE VIDA

Jesus espera de nós
Trabalho, amor, elevação moral,
Que usemos nossa voz
Na busca intelectual, espiritual.

Aqui estamos na escola
Aprendendo na luta de cada dia,
Na faina de toda hora,
Com fé, esforço, coragem, alegria!

Deixemos de lado a ilusão,
Os erros, as tolices, os caprichos,
Abracemos nossa cruz de redenção,
Para a luz, não sejamos omissos!

Hoje é um dia importante, valioso,
Não desperdicemos o tempo, essa preciosidade,
Sigamos em frente, no caminho asperoso
Construindo nossa vida de amor e felicidade.

Um dia, no futuro, olhando para trás,
Agradeceremos os obstáculos e dores,
Estaremos então em clima de paz,
Teremos vencido inimigos, então grandes amores!

Na eterna marcha da evolução
O ser caminha conquistando luz,

Ora cai, ora erra, e nessa ebulição
Um dia encontra a si mesmo e a Jesus!

Já andamos tanto, chegamos até aqui,
Não poderemos voltar, recuar,
Se queremos estar com o doce Rabi,
Trabalhemos, a ordem é avançar!

16 de abril de 2002

- → *Retorno profissional ao sistema penitenciário, agora no trabalho com internos portadores de transtornos mentais: marcantes vivências da dor humana mexendo com os mais profundos conceitos existenciais.*

- → *10 de janeiro: publicação do atual Código Civil brasileiro, baseado no projeto elaborado sob coordenação do jurista Miguel Reale, o qual entrou em vigor um ano após sua publicação.*

- → *11 de março: Israel organiza a maior operação militar sobre territórios palestinos desde a invasão do Líbano em 1982: cem tanques, com o apoio de aviões e helicópteros, invadem os campos de refugiados e algumas cidades palestinas. Essa ofensiva leva a ONU a oferecer seu apoio para a criação do Estado Palestino. Conflito étnico até hoje sem solução.*

VIDA

Das horas de trabalho e dor,
Das lutas e sofrimentos
Só levamos o vero amor
Na dinâmica do pensamento.

Ficam ilusões e quimeras,
Objetos, valores e coisas vãs,
Abre-se a valiosa janela
E o ser desperta em nova manhã.

Aproveitemos hoje o tesouro do dia,
Os recursos, as oportunidades,
Semeemos carinho, afeto, alegria,
Todas as formas de caridade.

Espíritas que nos dizemos ser,
Sejamos, sim, legítimos cristãos,
Lembremos que é preciso ter
A luz eterna do bem no coração!

28 de junho de 2003

- → *O tempo avança, e novas luzes fazem-se na intimidade do sentimento, do pensamento.*
- → *22 de agosto: explosão do foguete VLS-1 no Centro de Lançamento de Alcântara, no Nordeste, mata 21 cientistas brasileiros.*

→ *1º de fevereiro: ônibus espacial explode no Texas. A nave Columbia mata seus sete tripulantes. No momento do acidente, a espaçonave viajava a 20 mil km/h, 18 vezes a velocidade do som.*

MULHER HOJE

*Pelo **Dia Internacional da Mulher, 8 de Março.***

Nos quadros do dia a dia
Vemos a mulher desfilar...
Emissária da alegria,
Presença em todo lugar.

Cedo deixa a moradia
Para a luta realizar.
Em seus braços energias
Para mundos carregar.

Toma ônibus lotado
Que atravessa a cidade.
Desperta já turbinada,
Não importa sua idade.

É trabalhadora doméstica,
Profissional liberal,
Executiva, tem na ética
Seu código moral.

Mercado, farmácia, prisão,
Hospital – nada mais a detém.
Parque, rua, jornal, televisão,
A mulher vai sempre além.

Adentra a sala da escola
A instruir, a educar,
Acolá conta histórias
A idosos consolar.

Noutra parte, religiosa,
Dedica sua vida a servir.
Jovem mãe, sempre ciosa
Seu caminho a seguir.

Cabelos brancos, rugas,
Mãos calejadas, cansaço,
Sinais das muitas lutas
Com que se vê a braços.

Corre cedo, filho no colo,
Mamadeira, livros,
Jovial, tem nos olhos
Esperança e muito brilho.

Guiando acompanhada ou só
Seu pesado carrossel,
Açoitada pelo pó –
Catadora de papel.

Solteira, comprometida,
Divorciada – que importa?
Com arrojo, não é vencida,
A ela se abrem mil portas.

Do alto do seu saber
 influi, decide, conduz,

Na política, no lazer
Sua estrela reluz.

Dona de casa não mais,
Seu lar não tem fronteiras,
Ela pensa, sonha, faz,
Chora, faz brincadeiras.

Guia máquinas, veículos,
Atua em variadas frentes,
Constrói, erige círculos
De atividades exigentes.

Mãe, irmã, filha, esposa, avó,
Companheira das horas,
Às vezes, dínamo só,
Criando a própria escola.

É a mulher hoje na Terra,
Em igualdade de condições.
Construindo a nova era
Com a mente e as emoções.

2003

→ *Mudança no campo profissional, outra vez, no governo Requião, sendo o deputado Luiz Carlos Caíto Quintana o chefe da Casa Civil, que me convidou a retornar à função de chefe da Assessoria Técnica, incumbida da formalização da correspondência governamental; o setor passaria a ser denominado Centro de Edição de Expediente Oficial (CEE), nome que se firmou na estrutura do órgão; voltei às lides da redação da correspondência palaciana, atividade antes realizada por 14 anos. Novas leituras sobre a figura feminina e seus antigos e novos papéis.*

→ *No Brasil, governo dá reajuste linear de 1% aos servidores. Rio de Janeiro tem onda de violência, com ataques e mortes. Crise econômica põe o Brasil em alerta.*

→ *Estados Unidos controlam Bagdá, e governo de Saddam some: tropas são recebidas com festa; embaixador iraquiano na ONU diz que "o jogo acabou". Mas o Iraque não tem assegurada a paz interna: muitos combates se farão pelos anos seguintes.*

SUBLIMAÇÃO I

Se você sente arder o peito
De amor e paixão por outrem...
Se você tem tal defeito
E seu coração já é de alguém...

Se você sonha com outra pessoa
Em tormentos angustiosos...
Se em você ressoam
Quadros fantasiosos...

Se você tem compromisso
Junto de outro coração...
Se você está irritadiço
Por causa desta ilusão...

Lembre-se dos tristes e sós,
Dos desesperados,
Dos que, ao léu, sem dó,
Vivem desgovernados...

Semeie amor e alegria,
Palavras boas, perfume, mel,
Apoio, muita energia —
Presentes que vêm do céu!

2004

→ Lutas interiores do ser, que oscila entre a realidade objetiva e fantasias oníricas.

→ Morte do prefeito de Santo André, Celso Daniel, no estado de São Paulo: oposição pede Comissão Parlamentar de Inquérito (CPI), para apuração. Momentos difíceis na política brasileira.

→ Onze de Setembro espanhol: terror mata mais de 190 pessoas em Madri. O mundo convive com o espectro do terror.

SUBLIMAÇÃO II

Aqui, homens internos na prisão,
Sob chuva de lágrimas dos seus entes queridos.

Ali, crianças de rua pedem esmola,
Sem norte, sem amor, sem paz.

Acolá, mães abandonadas e lutadoras
Criam os filhos na tempestade.

Adiante, casais de velhinhos amargurados
Sorvem ainda o cálice da convivência rude.

Mais além, lares destruídos pelas drogas,
Cujos membros têm o coração em pedaços.

Alongando os braços e estendendo as mãos,
Sofrendo com todos a cruel provação,
Amando a todos, sem privilégios exclusivistas,
Vou sublimando minhas loucas paixões.

Um dia, céu azul e claridade solar por toda parte!
Paz na consciência e eterna alegria no coração!

2004

→ Dores superlativas, no contexto universal, produzem sofrimento individual no ser, que busca na poesia remédio catártico.

→ 15 de abril: o presidente Luiz Inácio Lula da Silva sanciona a lei que cria o Exame Nacional do Ensino Médio, o ENEM, que se torna medida de desempenho dos estudantes e facilita o acesso à universidade.

→ Maremotos no Oceano Índico: Indonésia e outros países asiáticos sofrem onda de tsunamis devastadores. Comoção mundial. Estatísticas finais apontam quase 300 mil mortos.

MI AMIGA Y SU MUNDO ENCANTADOR

*Para **Eliana Nagi** (in memoriam).*

Mi amiga es muy bella.
Sus ojos revelan realidades profundas.
Sus pelos largos enmolduran su cabeza de diosa.
Su boca forma un diseño que encanta.

Mi bella amiga
Tiene el perfume de los cedros,
El viento de los paisajes libanesas,
La poesía de aquel país muy caro a la humanidad,
Tierra de guerreros, desbravadores y poetas.

Mi bella amiga
Ama las letras, las palabras, los libros,
La paz, la belleza del sol,
La cocina y sus platos deliciosos,
La sonrisa de los niños,
Los valores reales del alma perenne.

Mi amiga es encantadora mujer,
Que fascina e inspira.

Mi amiga desde siempre.
Que vive en el paraíso de Juvevê.

Mi querida amiga,
Eliana del corazón.

5 de maio de 2004

- → *Estudando espanhol em curso de extensão da Universidade Federal do Paraná (Centro de Línguas (CELIN)). Homenagem a uma amiga e colega de redação sob o comando do idioma de Cervantes, con mi cariñosa amistad!*

- → *3 de agosto: o Tribunal Superior Eleitoral cassa o mandato do governador de Roraima Francisco Flamarion Portela, acusado de cometer irregularidades nas eleições gerais de 2002 na chamada Operação Gafanhoto. Novos tempos para a política brasileira.*

- → *15 de fevereiro: foi criado o site de compartilhamento de vídeos em formato digital YouTube. Tsunamis na Ásia, enchendo de temores a Terra toda: milhares de vítimas e desaparecidos.*

GRATIDÃO À MÃE!

Agradeço, Deus, bondoso Pai,
Pelo anjo que mandaste
Para me receber no mundo...

Agradeço a esses braços
Amorosos, que me embalaram
Quando eu era frágil criança.

Agradeço a essa dedicada criatura
Que, vencendo os desafios,
Passou a chamar-me "meu filho!"

Agradeço a esse coração amigo
Que abriu as portas do seu lar
Para o viajante aflito.

Agradeço a essa voz paciente
Que me suportou a rebeldia
E me orientou no caminho.

Agradeço à minha mãe
Que me aninhou nos seus braços
Nos dias alegres e amargos de ontem.

Agradeço também à companheira querida
Que se fez mãe dos filhos meus
Nesta caminhada feliz.

JOSÉ MAIA

Peço a Deus que abençoe
A todas as mães da Terra –
Anjos embaixadores de amor e luz!

2005

- → *Nunca se agradecerá verdadeiramente à Mãe todo o seu trabalho de amor, sacrifício e dedicação. No ano seguinte, 9 de julho de 2006, minha idolatrada Mãe, Lídia, deixou vitoriosamente o plano físico em que vivemos.*
- → *12 de fevereiro: a missionária norte-americana Dorothy Stang é assassinada com três tiros na cidade de Anapu, no Pará.*
- → *Ano Internacional do Esporte e Educação Física e Ano Ibero-Americano da Leitura, pela Organização das Nações Unidas (ONU).*

O LIXÃO

O homem evoluiu, criou asas,
Venceu, descobriu, inventou,
Construiu naves, torres, casas,
Deixou a caverna, avançou...

Superou a escuridão,
Desbravou a Terra inteira...
Astro-rei, vive a ilusão
De ser eterna a sua carreira...

Luxo, mansões, miséria, favelas,
Sofrimento, dor, alegria vã,
Falta de comida nas panelas...

Novos atores em ação:
Catadores que toda manhã
Limpam a cidade e vivem do lixão!

2005

→ *Problemas sociais inquestionáveis produzem emoções no ser, como o drama dos carrinheiros, figuras urbanas presentes na vida brasileira, heróis anônimos do cotidiano. Aposentei-me como assistente social do serviço público estadual, em março, após 37 anos de trabalho.*

→ *Denúncia na política brasileira que ocupará a mídia nacional dos próximos anos: Partido dos Trabalhadores (PT) dava mesada de R$ 30 mil a parlamentares; mensalão, mensaleiros serão* *termos que ocuparão a mídia por largo tempo, na tentativa de combate a políticos corruptos. No cenário jurídico, a figura do ministro Joaquim Barbosa fará o Brasil renovar esperanças de novos tempos, de ética e justiça.*

→ *Morte do Papa João Paulo II: conservador alemão é o novo Papa, Bento XVI. O legado de João Paulo II transformá-lo-á em santo, em 2014.*

AO CASAL DE OURO DA EDUCAÇÃO ESPÍRITA EM CURITIBA

Ao Professor Coronel Octávio Melchiades Ulysséa e à sua esposa, Professora Psicóloga Neyda Nerbass Ulysséa, homenagem dos seus amigos de jornada.

U nidos em amor santo e fecundo,
L igados por laços indissolúveis no tempo,
Y in e Yang – ei-los em nosso mundo,
S agrada escola preciosa que nos agasalha!
S ão duas almas em nobre missão!
E m seu programa sublime de trabalho,
A Universidade Espírita Bezerra de Menezes

E o amparo de tantos e amados seres!

N ossa gratidão a Jesus por este ensejo
E m que comemoram seu Jubileu de Ouro!
Y in e Yang – valorosos e incansáveis,
D ão-nos exemplos do verdadeiro tesouro
A enriquecer a vida humana: o paradigma espiritual!

11 de março de 2006

→ *Jantar comemorativo em conceituado restaurante situado na Rua Jacarezinho, no bairro Mercês — das bodas de ouro do casal Prof. Ulysséa e Prof.ª Neyda, fundadores da Faculdade*

Espírita, em Curitiba, nascida oficialmente em 1975, e em 2006 sob o nome oficial de Faculdades Integradas "Espírita" (FIES), um ícone no mundo acadêmico/universitário, reconhecida pelo Ministério da Educação. Graças a ela, por exemplo, salvo melhor juízo, temos hoje na capital paranaense — com repercussões em outras regiões — uma forte disseminação do Yoga, da Medicina Chinesa, da Acupuntura, da Parapsicologia, da Psicologia Transpessoal, da Psicopedagogia, além de outros campos do conhecimento, como a Homeopatia, a Ufologia. Por quase 40 anos, o seu curso de Serviço Social foi referência estadual e nacional. Isso tudo por iniciativa missionária de um casal dedicado à Educação — o professor e coronel da Reserva do Exército Brasileiro Octávio Melchíades Ulysséa, mestre em Ciências, e sua esposa, a professora e psicóloga Neyda Nerbass Ulysséa. Com gratidão, pela FIES estive aluno de graduação em Serviço Social e de pós-graduação em Psicopedagogia e Psicologia Transpessoal, bem como professor, em experiência gratificante. [Veja-se, neste livro, o poema "Epopeia de um Educador Espírita".]*

→ As eleições de 2006 aconteceram em meio a uma nítida reorganização das forças políticas do País. Nas eleições gerais anteriores, após três tentativas consecutivas, o Partido dos Trabalhadores (PT), representado pelo seu candidato, Luiz Inácio Lula da Silva, chegava pela primeira vez à Presidência da República, em meio a um temor generalizado por parte do mercado financeiro internacional com relação a riscos de desestabilização econômica e descumprimento de contratos. O Partido da Social Democracia Brasileira, que ocupara anteriormente o cargo durante oito anos, viu sua força política reduzida à medida que o novo governo passava a assumir uma política econômica próxima à do ex-presidente Fernando Henrique Cardoso. Cogitou-se, até mesmo, que o PT tomava o lugar do PSDB como representante do Brasil da social-democracia. A partir de uma série de denúncias de corrupção com relação às práticas do governo, o PT viu-se desestruturado e continuamente acusado de traidor de seus ideais históricos. Apesar da descrença de antigos setores da esquerda brasileira no PT, verificou-se ainda no início de 2006 um forte apoio popular a Lula.

→ *No Brasil, a primeira transmissão da cerimônia de premiação do Oscar ocorreu em 1970, quando a TV Tupi exibiu, ao vivo e via satélite, para várias porções do País (por meio da Rede de Emissoras Associadas), a cerimônia. Atualmente, a cerimônia de premiação é transmitida ao vivo pela Globo, apresentada e comentada por Maria Beltrão, Artur Xexéo e pela atriz Dira Paes, pelo canal de televisão por assinatura TNT, apresentado e comentado por Hugo Gloss, Carol Ribeiro, Aline Diniz e Michel Arouca, transmitindo desde a chegada dos atores e das atrizes ao Tapete Vermelho, pelo Canal E!, na sua versão original e sem comentários, e pelo serviço de streaming Globoplay, com comentários descontraídos do humorista Paulo Vieira.*

REFLEXÃO DE MÃE ADOLESCENTE

Foram-se as baladas,
As ilusões das madrugadas,
Os sonhos de ternura,
Os céus coloridos,
As canções românticas
Que embalaram as tardes de sol
E as noites estreladas...

De tudo, ficou esta criança amada,
Este filho acalentado
Na gravidez inesperada...

Foi-se o companheiro
Que desertou da experiência...

E ficamos nós três:
Eu, agora mãe,
Você, filho querido,
E Deus, Pai de todos nós.

Que Ele nos ampare
Nas estradas do mundo
Que temos de percorrer!

2008

→ *Emoção, sensibilidade e interpretação de quadros da realidade objetiva e subjetiva. Num posto de saúde, uma noite, velando pela amiga Zilá (Izilindra Nunes Cavalheiro), hospitalizada; amiga da alma, com quem o autor trabalhou por 35 anos no meio espírita. Bastante trabalho no Centro de Orientação Filosófica da Faculdade Espírita (que coordenei nessa época), ações voluntárias em projetos sociais, e, naturalmente, a família, sempre requerendo a maior atenção, de todos nós, seres humanos.*

→ *Novos tempos para o pensamento científico e literário: entram em domínio público em Portugal e no Brasil as obras de Sigmund Freud, Alberto de Oliveira, William Butler Yeats, José Petitinga e Harvey Spencer Lewis.*

→ *Cigarro em baixa: passa a ser proibido fumar em todos os locais públicos (incluindo os bares e restaurantes), em Portugal, França e no estado de Illinois, Estados Unidos. Hábitos mais saudáveis em curso.*

SALVE O KARDEC BRASILEIRO!

Saudação ao **Dr. Bezerra de Menezes**.

Como grandes sois que carregam mundos,
semeando vida e esperança em toda parte,
assim também, com exemplos fecundos,
plantaste no Brasil o estandarte

da Doutrina Espírita – este tesouro
de Ciência, Filosofia e Religião,
cujo valor suplanta todo o ouro
fugaz que tanto amamos – vã ilusão!

Médico, político, jornalista,
paladino do vero amor fraterno,
escreveste páginas imortalistas

nos corações de ontem e de hoje também!
Tuas luzes brilham como fogo eterno
a apontar o norte muito mais além!

Auditório Chico Xavier, das Faculdades Integradas "Espírita", de Curitiba, 29 de agosto de 2008.

→ Espírito de integração, união e reconhecimento vibram no ser: outras pessoas e instituições se integram num movimento de realce e homenagem a personalidades, instituições e coletivos. Patrono da Faculdade Espírita, em Curitiba, é alvo desses *sentimentos e movimentos. Anualmente, no dia 29 de agosto, repete-se essa homenagem; é a data de aniversário natalício do consagrado "Médico dos Pobres".*

- *16 de fevereiro: o filme brasileiro Tropa de Elite, de José Padilha, conquista o Urso de Ouro, prêmio de melhor filme do Festival de Berlim. Cinema brasileiro em alta.*

- *Ano Internacional das Línguas; Ano Internacional do Planeta Terra; Ano Internacional da Batata; Ano Internacional do Saneamento; Ano Europeu do Diálogo Intercultural — eventos estabelecidos pela Organização das Nações Unidas (ONU).*

EPOPEIA DE UM EDUCADOR ESPÍRITA

Ao Professor e Mestre Octávio Melchíades Ulysséa, nobre, antigo romano e humilde franciscano, Fundador e diretor-geral das Faculdades Integradas "Espírita", campus "Doutor Bezerra de Menezes", na Terra das Araucárias do Pindorama Brasileiro.

À Professora Neyda Nerbass Ulysséa, sua alma gêmea, continuadora do seu trabalho educacional gigantesco e transformador.

No Sul do Brasil, uma luz diferente
Se fez brilhante, com rara intensidade:
Reencarnou ilustre Missionário, imponente,
Para construir na Terra uma Universidade!

Não uma academia de paradigmas vencidos,
Mausoléu frio de conhecimentos temporais,
Que no tempo enriquece o cérebro e tem sido
Responsável por muitas dores, muitos ais!

Uma Universidade Holística, da alma,
Fulcro gerador de nobres conhecimentos,
Que nutrem o cérebro e o coração, que acalmam
O ser envolto em dúvidas e tormentos!

Seu berço natal – a bela Santa Catarina,
Laguna, cenário histórico do Brasil,

Terra de valentes, que tem até heroína –
Anita Garibaldi, brava guerreira gentil!

Militar, desportista, sobretudo Professor,
Idealista, ecumênico, voltado para a união,
Num Congresso das Religiões Irmanadas, o amor
Penetrou fundo o seu sensível coração!

Reencontrou ali sua Alma Gêmea e com ela partilhou
Uma notável jornada de trabalho e doação.
Não foram poucos os projetos que ele sonhou,
Muitos saíram do papel, erguidos no chão!

A Escola André Luiz, ali tudo começou,
Centro educacional de grande valor,
Por suas salas tanta gente já passou,
Hoje adultos, são pais, lecionam amor!

A primeira Faculdade: Ciências Humanas,
Com ela, Serviço Social e Estudos Sociais,
Depois, as do Espírito, sobre-humanas –
Yoga e Parapsicologia – magistrais!

Hoje, já são diversas ciências presentes,
Para o estudo do Homem e da Sociedade,
Além da Alma, da Terra, do Meio Ambiente,
Na macrovisão da Universidade!

As FIES já ultrapassaram as fronteiras,
Conquistaram países, atraíram culturas,
Expandindo horizontes da vida brasileira,
Preparando gerações atuais e futuras!

Educação Espírita – eis aí o seu cerne!
Herculano Pires, Eurípedes Barsanulfo,
Ney Lobo, Dora Incontri – sólido germe
De uma ideia verdadeira, notável triunfo!

Triunfo do Espírito sobre a vã Matéria,
Da vida real sobre molécula e pó,
Nosso querido Professor Ulysséa, artéria
De vida e força propulsora, seiva e mó!

Ele pareceu encarnar, na sua caminhada,
O antigo e combativo espírito romano,
Mas também, polido, em pele delicada,
A humildade e a fé de meigo franciscano.

Assim, ele conquistou os nossos corações
E, qual ícone, se fez Mestre de todos nós,
Ajudando-nos a vencer desafios e paixões,
Fortalecendo nossa vida, nossa voz.

O que podemos dizer de um nobre casal,
Cheio de amor, ideal, metas, dignos valores,
Que por adoção exemplar se fez canal
De tantos filhos, reunindo tantos amores?

Que como yin e yang, em alegre e doce união,
Harmonioso conjunto, de força de aço,
Construiu bela choupana que se fez mansão
Perene na História, no Tempo, no Espaço!

Em mais de meio século de luta intensa,

Sua imagem é de estoico Educador,
Que venceu mar bravio, tempestades imensas,
Trevas e sombras, má vontade e desamor!

Não se abateu! Seguiu, corajoso, até ao fim,
De "fé inabalável", a fronte erguida,
Crateras e abismos transformou em jardins,
Lecionando paz, estudo, trabalho, vida!

Num cenário de construções faraônicas,
Quantas vezes carentes de sentimentos puros,
Sem grandes expressões econômicas,
Eis a Universidade Espírita, chegou o futuro!

Seus pés estão fincados na rocha!
Seu âmago é de valores imperecíveis!
Suas balizas formam grande tocha!
Sua natureza real é de cunho invisível!

Diferenciais a pontuar: Panteão das Religiões,
Planetário, Pequena Índia, Arte Transcendental,
Centros Espíritas, Campos de Extensões,
Reunindo os seres para o seu grande fanal!

Suas conquistas são transformadas em serviços,
Beneficiando amplamente a Comunidade,
Tudo em razão dos elevados compromissos
Que assume uma verdadeira Universidade.

Agora o Núcleo Espírita Universitário,
É o caráter espírita da instituição,
Viabilizando que o espírito milenário

Com estudo, amor e luta forje sua redenção!

Sua psicosfera benéfica e envolvente,
Com muito carinho e afeto a todos seduz,
Preenchendo células, corações, almas, mentes,
Cada qual tem em si mais leve a sua cruz.

Seu Patrono, o doutor Bezerra de Menezes,
Está sempre amorável a nos inspirar,
Se o esquecemos ou magoamos, ele por vezes
Discretamente nos orienta a continuar.

A Família UNIBEM, na Terra e no Espaço,
Assemelha-se a feixe de força invencível,
Se uma vara, frágil, se quebra, mãos de aço
Conduzem as questões ao termo possível.

Sua filosofia e Valores Universais,
Com união, firmeza e fé levarão a UNIBEM
Aos elevados páramos espirituais
E a Nova Sociedade para o Eterno Bem.

Seu alvo perene e sólido é o amanhã feliz,
Esboçado desde agora, nos dias atuais,
O ser esclarecido de hoje já bendiz
As conquistas que se fazem espirituais.

Novos tempos, a tão esperada Nova Era
Chegou para ensejar mudanças radicais.
Enfim terminou longa e angustiante espera:
Avançar, construir, ir além, muito mais!

"Alma da Faculdade", "luz que conhecemos
como Prof. Ulysséa", Fundador, Diretor-Geral
Das FIES-UNIBEM, com amor nós enaltecemos
A sua trajetória de grandeza triunfal!

Pelos tempos afora iremos com amor falar
Da sua obra, seu trabalho, sonho, ideal!
À luz dos seus exemplos – avante, continuar!
A Universidade de cunho espiritual!

Auditório Chico Xavier, FIES-UNIBEM,
11 de julho de 2009.

→ *Sonhos, ideais e compromissos levam o ser a buscar a essência deste microuniverso, alicerçado em outros universos, representados por idealistas e suas realizações que absorvem coletividades: a Faculdade Espírita, de Curitiba. O autor foi aluno do eminente Fundador da Faculdade Espírita e com ele trabalhou na instituição.*

→ *12 de maio: três quadros roubados de Cândido Portinari, Tarsila do Amaral e Orlando Teruz são encontrados abandonados na Zona Oeste de São Paulo.*

→ *1º de janeiro: entra em vigor, no País, o Acordo Ortográfico da Língua Portuguesa de 1990.*

SEMEADOR

Ao Professor Ernani Costa Straube,
pelos seus 80 anos, 28 de janeiro de 2009.

Pessoas há que concentram epopeias,
Tão grande é o seu centro de irradiações.
Seu trabalho, sua ação, suas ideias
Movem sistemas, influenciam multidões!

O **Professor Ernani Costa Straube**,
Nosso Querido Amigo, hoje homenageado,
É dessas pessoas... Pelo que é e se sabe,
Sua luz brilha no presente e no passado!

Foco no qual muito se destacou,
Cujos raios prosseguem iluminando:
O Colégio Estadual do Paraná, um *show*
Na Educação, hoje se renovando!

Ali, como Professor e Diretor,
Ele semeou Ação, Conhecimento,
Progresso, orientou vidas, e com Amor
Viabilizou novos descobrimentos!

Junto dele, ali, a Astronomia,
O Clube de Ciências, o Escotismo,
A Heráldica, a Genealogia,
O Livro, o Radioamadorismo!

Também a primeira Televisão
Educativa do nosso Paraná:
Pingos de Saber chamou a atenção
E como pioneiro na história ficará!

No grande *Liceu de Curitiba,*
Com o **Professor Ernani** nós aprendemos
Que o Trabalho no Amor se estriba
E a Virtude vem do que bem fazemos!

Na Academia de Letras – livros, textos –,
No Instituto Histórico – pesquisas,
Análises em variados contextos,
Clareando enigmas em ações precisas!

Outros setores por ele explorados:
Filatelia, Polícia, Penitenciária,
Pesquisa Histórica – luz sobre o passado! –
Educação, Eletrônica, tantas áreas!

Seus trabalhos avançam também
Na Fotografia, Literatura, Geografia,
Na Arte, Biologia e vão ainda mais além:
Nas pequenas grandes coisas do dia a dia!

A par de tudo isso, para ele a Família
É a genuína *célula-mater* social,
Valorizando laços – ninguém é uma ilha! –
Sentimentos, emoções, elo sem igual!

A seus dedicados pais, honra e glória:

Guido Straube, Emérito Professor,
Myriam Costa Straube, na escola,
Primeira Dentista a curar nossa dor!

Seus irmãos e familiares amados,
Em ocupações sociais importantes,
Semeando bons frutos, sazonados,
Numa terra de tantos gigantes!

Nosso carinho, nesta hora singular,
À **Professora Lavínia**, sempre amada,
À **Isabela, Guilherme, Fernando** – e ao lar
Que cada um deles fundou na jornada!

Aos **Netos** que chegam, renovando o ninho,
O que podemos dizer, neste momento?
Curtam o seu Avô, este Homem-Carinho,
Aprendam com ele doces ensinamentos!

E o que diriam amigos, vizinhos,
Funcionários, alunos, professores,
Que seguiram com ele seus caminhos,
Superando desafios e temores?

Que temos grata felicidade:
Entre nós, astro de primeira grandeza,
Seus raios de luminosidade
Realçam no Homem a mais pura riqueza:

A riqueza de semear boas sementes,
De fazer amigos, de abrir caminhos,
De construir pontes, de clarear mentes,

Conservar flores, sublimar espinhos!

Saudamos nosso Amigo Inesquecível,
Que do alto de sua bela trajetória
Nos enriquece, alegra e, alma sensível,
Nos envolve com suas luzes e glórias!

Vivas ao Nobre, Caríssimo Professor,
Por seus marcos na trilha da Verdade!
Seus feitos, frutos do Vero Amor,
Para nós sinais de Eterna Amizade!

2009

→ *Tarde ensolarada de domingo, 25 de janeiro de 2009: aniversário do valoroso Mestre, 80 anos, no dia 28. Surpresa cabalística: ao compor este poema, no ambiente da agradável e acolhedora Colônia de Férias da Associação dos Servidores do Colégio Estadual do Paraná (ASCEP), na praia de Guaciara, Pontal do Paraná, contei os versos — 80! Incrível! Acaso, que não existe?*

→ *O português brasileiro ou português do Brasil é a expressão utilizada para classificar a variedade da língua portuguesa falada pelos mais de 200 milhões de brasileiros que vivem dentro e fora do Brasil. A grande população brasileira, quando comparada com a dos demais países lusófonos, implica que o português brasileiro seja a variante do português mais falada, lida e escrita do mundo, 14 vezes mais que a variante do País de origem, Portugal.*

→ *Miguel Nicolelis foi considerado pela Revista Época um dos cem brasileiros mais influentes do ano de 2009. O primeiro cientista a receber no mesmo ano dois prêmios dos Institutos Nacionais de Saúde estadunidenses e o primeiro brasileiro a ter um artigo publicado na capa da revista Science. Médico e cientista, considerado um dos 20 maiores cientistas em sua área no começo da década passada pela revista de divulgação Scientific American.*

EM RECLUSÃO

Homenagem aos **internos-alunos de Educação em Valores Humanos da Casa de Custódia de Curitiba.**

Estou aqui
Mas estou lá...

Embora cerceado,
Meu ser real, livre,
Viaja ao Infinito...

Vejo hoje
O que não via,
Compreendo agora
O que não sabia...

Estou mais senhor de mim!
A Vida – universo sem fim!
É minha casa – belo jardim!

No coração, o sentimento mais puro,
Na mente, o pensamento mais lógico.
O que se foi é passado!
Importa-me já o grande futuro!

23 de outubro de 2009

→ *O trabalho voluntário acadêmico no meio prisional prossegue: Educação em Valores Humanos e Autoconsciência, desde 2006, com um grupo abnegado de outros profissionais de Psicologia, Parapsicologia e Serviço Social, em formato de curso de extensão universitária, pelas Faculdades Integradas Espírita, de Curitiba. O curso funcionou até 2013. A partir de 2014, a atividade — sem vinculação à Faculdade, mas unicamente por este autor — passou a ser realizado na Chácara Meninos de Quatro Pinheiros/ Fundação Profeta Elias, em Mandirituba, uma vez por mês, com a participação de pessoas vinculadas a algumas instituições espíritas de Curitiba.*

→ *8 de maio: o primeiro caso da pandemia de gripe A transmitida no País é confirmado pelo ministro da Saúde José Gomes Temporão. A chamada gripe suína põe o Brasil em estado de alerta, levando a população a adotar rigidamente novos hábitos de higiene e saúde.*

→ *2 de outubro: o Rio de Janeiro é escolhido como sede dos XXXVI Jogos Olímpicos de Verão pelo Comitê Olímpico Internacional em Copenhague, Dinamarca, que teria lugar em 2016.*

TODOS DE DEUS

Quem é de quem?
Ninguém!
Ninguém!
Pois ninguém é de ninguém!
Somos todos de Deus
Em marcha para a Luz!
Ninguém é de ninguém!
Todos de Deus!
Para a Luz!
Para a Luz!

28 de agosto de 2010

→ Vivências pessoais baseadas em experiências de outras pessoas amadas produzem abalos no ser. Conhecimento espiritual é fundamental para essa superação, que ocorrerá lentamente.

→ 12 de janeiro: terremoto de 8 graus na escala Richter provoca grande destruição no Haiti, matando 230 mil pessoas, entre elas a brasileira e médica pediatra Zilda Arns Neumann, fundadora da Pastoral da Criança, que se encontrava naquele País a serviço da causa.

→ 8 de janeiro: o Parlamento de Portugal aprova lei que permite o casamento entre homossexuais.

GRATIDÃO

*Acróstico à **Dr.ª Zilda Arns**.*

Z ilda Arns: facho de luz em noite escura,
I luminando vidas e caminhos,
L evando esperança, alegria e fartura
D a Pastoral da Criança aos pobrezinhos!
A mor, sorrisos, carinho, ternura!

A tocha acesa não há de se apagar,
R einará sublime para sempre
N os corações, como que a lembrar:
S ó o bem que se faz vive eternamente!

N uma das suas grandiosas missões
E m prol da causa infantojuvenil,
U m terremoto no Haiti... As nações
M uito se abalaram, como o Brasil!
A Doutora Zilda, embora atingida,
N ão pereceu! Sua luz sempre gentil
N o mundo ficará a nos dar guarida!

14 de janeiro de 2010

> → *Emoções universalizadas que transcendem vivências pessoais: admirador do seu trabalho social e médico transformador, à frente da Pastoral da Criança da Igreja Católica, iniciativa esta que nasceu em Florestópolis, pequena cidade do Paraná e se espalhou pelo Brasil e pelo mundo. Ligações afetivas com sua*

família, desde a adolescência, no Colégio Estadual do Paraná; com a homenageada, em 1993-1994, por meio do Conselho Estadual da Criança e do Adolescente do Paraná (CEDCA/PR). Os amigos Igor Kipman, embaixador brasileiro no Haiti, e sua esposa, a embaixatriz Roseana Aben-Athar Kipman, tornam-se pessoas de grande importância no socorro às vítimas haitianas; ele promoveu as ações oficiais de traslado do corpo da nobre missionária para Curitiba, onde foi sepultada; ela, Roseana, prestou os primeiros atendimentos à querida médica, em esforços heroicos, noite adentro, na escuridão do País abalado...

- *O Brasil vive experiências de participação e solidariedade com outros povos: Haiti, Timor-Leste, países do MERCOSUL, da UNASUL; e projeta-se ainda mais no concerto internacional.*

- *Quarenta anos do gibi Mônica, de Maurício de Sousa, referência de leitura e lazer para crianças e adolescentes (e por que não adultos também?). É o Brasil levando sua cultura para outros países, até com versões em espanhol e inglês.*

"SAUDADE É O AMOR QUE FICA"

"Saudade é o amor que fica",
Gerando vontade de reviver...
Sentimento que significa
Desejo de ouvir, de ver...

"Saudade é o amor que fica",
Preenchendo espaços,
Força que tonifica
Sorrisos e abraços...

"Saudade é o amor que fica",
Sonhos a embalar...
Inspiração que plenifica
Almas a namorar...

"Saudade é o amor que fica",
Dela não se pode fugir...
Porque a saudade explica
O chorar e o sorrir.

2010

- → Emoções e lágrimas diante da menina paciente terminal de câncer em hospital nordestino: lições de vida. Voltei a exercer atividades profissionais de redator no Palácio Iguaçu/Casa Civil, no governo Orlando Pessuti (2010).
- → No Rio de Janeiro, chuvas muito fortes e enchentes severas causam desmoronamentos em morros de terra, matam soter-

radas 53 pessoas em Angra dos Reis e destroem o patrimônio histórico de São Luís do Paraitinga.

→ *28 de janeiro: Steve Jobs, da Apple, apresenta ao mundo o iPad, computador portátil para navegar na internet, ler e enviar e-mails, visualizar fotos, ver vídeos, ouvir música, jogar, ler e-books, etc.*

SUBLIMES ENCARGOS

*À **Maria do Carmo Soares de Lucena**.*

O Professor Ulysséa, em sua missão,
Reuniu companheiros indispensáveis...
Assim a "Espírita" teve condição
De realizar seus projetos notáveis!

A Maria do Carmo teve papel
Fundamental nesse grande processo.
Ações, palavras e energias a granel
Fizeram luz, trouxeram o progresso!

Anos a fio, e por quase uma vida,
Sua presença firme se fez constante,
Proporcionando firme guarida

Ao gigante missionário fundador!
Nos seus 70 anos intensos, pulsantes,
À Maria do Carmo todo o nosso amor!

4 de fevereiro de 2010

> → *Quando me formei em Serviço Social (15 de março de 1980), cuja cerimônia se deu no edifício da reitoria da Universidade Federal do Paraná, a Maria do Carmo lá estava assessorando o Prof. Miguel Sidnei Meller, novo secretário-geral; e o diretor da Faculdade de Ciências Humanas e Sociais de Curitiba, Prof. Lando Rogério Kroetz, depois renomeada Faculdades Integra-*

das "Espírita". Ao longo da trajetória da instituição, a Maria do Carmo foi pilar valoroso no processo de consolidação da quase futura Universidade "Dr. Bezerra de Menezes". Após a partida do querido diretor-fundador, a instituição tomou outros rumos, diferentes da sua concepção original, que era provinda do Mundo Maior – o Espiritual.

→ *24 de fevereiro de 1891: data em que o presidencialismo foi adotado no Brasil, pela primeira Constituição republicana, que tomou como modelo a Constituição dos Estados Unidos de 1787. Desde 15 de novembro de 1889, o Brasil é uma república federativa presidencialista, quando uma ação militar comandado pelo marechal Deodoro da Fonseca pôs fim ao Império do Brasil, e, portanto, à monarquia constitucional parlamentarista vigente, depondo o então imperador, Dom Pedro II, e proclamando a atual forma de governo.*

→ *Ao buscar uma notícia importante para o mundo, encontrei algo que se referia a concurso fotográfico (Wiki Loves Monuments [WLM], uma competição fotográfica anual organizada por membros da comunidade Wikimedia em todo o mundo), oportunidade em que um dos destaques era **Nelson Mandela**, que passei a admirar por sua jornada brilhante voltada para os Direitos Humanos, a Dignidade do Ser Humano. Advogado, líder rebelde e presidente da África do Sul de 1994 a 1999, considerado como o mais importante líder da África Negra, vencedor do Prêmio Nobel da Paz de 1993, e pai da moderna nação sul-africana, onde é normalmente referido como Madiba (nome do seu clã) ou "Tata" ("Pai").*

VIVER E NÃO MORRER!

Não tenha medo
De morrer!
Viva com amor
E você estará com Deus!
Morrer é somente
Mudar de estação.
Você sabe.
Você viu.
Você comprovou.
Os amores vieram
E atestaram
A sobrevivência!
Não tenha medo
De morrer!
É somente mudar
De estação.
Viva com amor!

¡Vivir y no morir!
¡No tenga miedo
de morir!
Viva con amor
¡Y usted estará con Dios!
La muerte es sólo
Cambiar la estación.
Usted ya lo sabe.
Usted lo ha demostrado.

Los amores llegaron
Y atestiguaron
¡La supervivencia!
¡No tenga miedo
de morir!
Es sólo un cambio
de estación.
¡Viva con amor!

30 de julho de 2011

→ Eu estava num consultório odontológico. A inspiração veio cantarolada em espanhol. Preferi fazê-la em português. Nova experiência profissional: convidado a atuar como chefe de Gabinete da Secretaria de Estado da Ciência, Tecnologia e Ensino Superior do Paraná (SETI), no governo Beto Richa, pelo Prof. Alipio Santos Leal Neto, que assumiu a função de secretário e a exerceu por quase três anos. Temas como Educação/Ensino Superior, Ciência, Tecnologia, Inovação passaram a ser o meu novo cenário, em instituições como as universidades estaduais públicas do Paraná, a Fundação Araucária de Desenvolvimento Científico e Tecnológico do Paraná, o Instituto de Tecnologia do Paraná (TECPAR) e o Sistema Meteorológico do Paraná (SIMEPAR), além, naturalmente, de outros organismos públicos e privados ligados direta e indiretamente à SETI.

→ 12 de janeiro: chuvas na região serrana do Rio de Janeiro deixam mais de 900 mortos.

→ Terremoto de magnitude 6,9 na escala Richter atinge a Argentina. Ocorrem no mundo outros movimentos sísmicos de grandes proporções.

NÃO HÁ MORTE (INFINITUDE)

Ao **Professor Ernani Costa Straube**,
com gratidão e admiração.

Querido Amigo e Mestre culto e nobre,
Sentindo a dor da ausência de sua Amada,
Peço licença para falar-lhe sobre
Lições de luz que me foram passadas:

Sei, agora, Amado Mentor, que vivemos
Vidas mil para alcançarmos o zênite...
Nascemos, morremos e renascemos,
Reaprendendo sempre... Não há limite

Para esse processo quase intérmino...
No início, a pedra bruta que o buril
Trabalha em esforço aspérrimo...

Um dia, tornamo-nos estátua ideal,
Concebida por artista febril –
Nós mesmos, sob leis sábias, ser imortal!

Praia de Itapema (SC), Semana da Pátria.

2012

→ Sofrimentos de seres amados próximos repercutem na intimidade do ser e levam-no a vivenciar empatias que o emocionam profundamente. Novas homenagens ao Mestre.

→ No Brasil, ganharam destaque notícias como estas: (i) o julgamento da Ação 470, conhecida no meio midiático como "processo do mensalão"; (ii) a implantação da Comissão Nacional da Verdade para investigação de crimes de Estado entre os anos de 1946 e 1988; (iii) a realização de eleições municipais em todo o território nacional; (iv) a realização da Conferência das Nações Unidas sobre Desenvolvimento Sustentável, conhecida como "Rio+20".

→ Foi um ano marcado pelo aprofundamento da crise econômica e o aumento do desemprego na Europa, a reeleição de Barack Obama nos Estados Unidos, o reconhecimento da Palestina como "Estado observador não membro" pela ONU e a descoberta do que pode ser o Bóson de Higgs, popularmente conhecido como "a partícula de Deus".

GRATIDÃO EM VERSOS

*A **Você, que faz parte da minha vida e da minha história**,*

agradeço, de coração! Deus abençoe seus caminhos, hoje e sempre!

José Maia
Ano 60 — 11 de maio de 2013.

I

Ante as belezas mil que meus olhos veem
E todo o meu corpo se agita e age e vive,
Frente à magnitude desse vaivém
Enorme que a Criação Divina exibe...

Por todas as coisas que até hoje recebi:
A bênção do corpo, o lar, os pais,
Os irmãos, a família que construí,
Pelas lutas e alegrias e doídos ais...

Agradeço aos amigos da primeira hora,
À esposa, à família, aos filhos, aos netos,
Parceiros com quem faço minha história...

Sou grato, sim, ao tesouro do trabalho
Que me ofereceu o Divino Arquiteto
E me ensinou a ter o pão e o agasalho!

II

Quero muito agradecer às mãos amoráveis
Que me acolheram e me abriram portas,
Amados seres, criaturas adoráveis
Que m'ensinaram o que a vida comporta:

A enxada, o lápis, o livro, o martelo,
O serviço, a escola, a praça, a cidade,
A religião, a amizade, o lar singelo,
O parque, o vizinho, a universidade!

As manhãs, os dias e noites de anil,
As chuvas, os ventos, os pássaros cantores
Que enchem de encantos o nosso Brasil!

Pelo carinho, pela doce companhia,
Pelas horas, por todos os amores,
A minha gratidão e plena alegria!

2013

→ *Síntese, avaliação, gratidão e homenagens aos 60 anos: o ser comove-se e reúne (na Confeitaria Piegel, no Cabral) pequeno grupo de afetos, prometendo esforços para novos encontros similares, de pura confraternização.*

→ *19 de março: o Senado Federal do Brasil aprova, por unanimidade, a proposta da ampliação dos direitos das empregadas domésticas.*

→ *O arcebispo de Buenos Aires Jorge Mario Bergoglio foi eleito pontífice em 13 março, após a renúncia do Papa Bento XVI. Ele é o primeiro jesuíta no trono de Pedro. Tanto seu comportamento pessoal, sua simplicidade quanto suas decisões políticas e a limpeza no Banco do Vaticano atraíram a admiração de milhões de pessoas e acabaram lhe valendo o título de personalidade do ano da revista Time — o primeiro latino-americano a ganhar a homenagem. Na Jornada Mundial da Juventude, no Rio, ele surpreendeu ao andar de carro aberto entre milhares de fiéis. Suas posições tolerantes sobre temas polêmicos para a Igreja, como a participação de divorciados e o homossexualismo, trouxeram esperanças de reformas mais profundas ao longo de seu papado.*

POESIA DO DIA A DIA I

Quanta poesia
O dia a dia
Nos oferece!

O gorjeio dos pássaros
Na laranjeira!

A neblina da manhã!

Os raios de sol
Que rasgam o céu!

Um rosto bonito
Que inspira melodia!

O carrinheiro
Que avança confiante!

Estudantes sorridentes!

Mãe dedicada
Rumando para a creche,
Levando seu tesouro!

Tudo é poesia
Para quem abre o coração
Para a vida em esplendor!

Su'alma vibra uníssona
Com o Criador!

18 de junho de 2013

- → *Sexagenário prossegue vivenciando experiências adolescentes.*

- → *6 de junho: as manifestações contra o aumento das tarifas de transporte público começam em São Paulo e em outras cidades do País. Ações põem em alerta o governo, os políticos, as lideranças e criam expectativas de mudanças na vida brasileira.*

- → *22 de julho: chega ao Brasil o Papa Francisco em sua primeira viagem internacional. O Rio de Janeiro recebe fiéis católicos e turistas do mundo inteiro.*

POESIA DO DIA A DIA II

Quanta poesia
No dia a dia
E você não vê!
Porque não quer,
Não pode,
Não lê!

A chuva,
O céu nublado,
A doce rotina
Que se transformam
Em energia
A movimentar
O motor
Do universo!

22 de maio de 2013

- → Sublimando sentimentos e emoções, o ser prossegue autodescobrindo-se.
- → 27 de janeiro: incêndio em uma casa noturna mata 242 pessoas em Santa Maria, no estado do Rio Grande do Sul, sendo considerado a segunda maior tragédia da história do Brasil. A Boate Kiss torna-se um símbolo de dor, preocupações com a segurança em eventos e medidas preventivas por parte de organizadores de shows, de autoridades e das famílias.
- → 23 a 28 de junho: a XXVIII Jornada Mundial da Juventude acontece na cidade do Rio de Janeiro, reunindo milhares de jovens

do mundo inteiro, num espetáculo magnífico de fraternidade e emoções, sob a luminosa e inspiradora figura do Papa Francisco.

ESCRAVIDÃO DO SÉCULO XXI*

Invocação a **Castro Alves**.

"Senhor Deus dos desgraçados!"
A sua justa súplica, caro Poeta,
Naqueles dias dolorosos da escravidão negra,
Ecoa atual nestes dias de tanta ciência
E de tanta dor moral!
Veja, caro Poeta, a chaga social
Das cracolândias:
No morro e na cidade,
Até no sertão inclemente,
Nos povoados mais distantes
Choram u'a mãe, um pai,
Choram avós...
A escravidão, caro Poeta,
Não tem cor nem classe social;
Mora em toda parte da nave mãe
Que nos acolhe...
"Senhor Deus dos desgraçados" –
Diria o caro Poeta!
Hoje fazemos nossa a sua voz:
"Senhor Deus dos desgraçados" –
Que diriges com amor e sabedoria
O movimento dos astros no infinito,
A energia pulsante das moléculas,
A orquestração da vida vegetal, animal,
O mundo complicado dos homens –

Ouve o clamor de quantos choram
Sob o guante implacável da droga!
Pousa Tua mão
Sobre dependentes e codependentes
De todos os matizes!
Caro Poeta, a lágrima de sangue
Que ontem você verteu
Pelos filhos da escravidão,
Hoje todos deixamos rolar!
A dor a todos nos visita, cruel,
Exigindo sacrifícios, renúncias,
Trabalho íntimo, transformador!
"Senhor Deus dos desgraçados!"
Que o Teu arauto de ontem,
Símbolo de libertação,
Nos inspire e fortaleça agora
Diante da hecatombe medonha
Que visita a Terra inteira!
De pé imploramos humildes
A Tua compaixão
Diante dessa horrenda escravidão!
Piedade, Senhor!

16 de setembro de 2014

* Poema classificado no Concurso Nacional Novos Poetas – Poesia Livre 2014, Vivara Editora Nacional, Antologia Poética, p. 213, www.vivaraeditora.com.br.

→ *O drama das drogas, da dependência química, potencializando preocupações e dores próximas e distantes, fazendo sofrer.*

Engajamento do ser em ações de esclarecimento, conscientização, prevenção. Prossigo no Gabinete da SETI, na gestão do Prof. Dr. João Carlos Gomes, ex-reitor da Universidade Estadual de Ponta Grossa (UEPG), que assumiu a secretaria em 2013. Consolidação de experiências já adquiridas; novos temas e situações no aprendizado permanente da vida pessoal e pública.

- *Eleições gerais no Brasil para presidente, governador, senador, deputado federal e deputado estadual: segundo turno opõe o PT de Dilma Rousseff e o PSDB de Aécio Neves. Aparência de um País dividido?*

- *O Papa Francisco continua revolucionando posicionamentos da Igreja Católica, pregando valores como ética, justiça, simplicidade, humildade e preocupações com a essência do cristianismo.*

QUERIA SER POETA

Queria ser Poeta
Não para consertar pessoas
Ou reinventar o mundo...
Queria ser Poeta
Para tornar o mundo mais feliz,
Para embalar sonhos
De crianças de todas as idades...
Queria ser Poeta
Para descobrir flores
No lamaçal escuro...
Queria ser Poeta
Para captar a luz do sol
E desfazer dias cinzentos...
Queria ser Poeta
Para atrair sorrisos
Onde more a tristeza...
Queria ser Poeta
Não para vender versos
Destinados ao pó das bibliotecas...
Queria ser Poeta
Só para alegrar corações,
Enfeitar almas,
Versejar histórias de vida
Que enriquecem o cotidiano...
Por isso queria ser Poeta!

2014

- → *A verve literária provocando movimentos interiores no ser: apesar das tempestades que continuamente visitam o cenário cotidiano, a poesia é bálsamo de consolação e esperança.*

- → *Julgamento do Mensalão pelo Supremo Tribunal Federal e condenação de políticos e empresários, ao vivo, pela televisão, estabelece novos paradigmas no Brasil, fortalecendo a Democracia.*

- → *Tornam-se frequentes ações de terrorismo no mundo.*

DEPOIS DA TEMPESTADE*

Estrada difícil e áspera –
Pedras, buracos, desvios, crateras,
Subidas íngremes, exaustivas –
Exigindo coragem, Amor à Vida!

Problemas em todo lugar –
No grupo social, na terra, no ar,
Agressões à Mãe-Natureza,
Glórias vãs, tolices, incertezas...

Mas passam noites e tormentos,
Vem novo dia, vão águas barrentas,
Surge nova aurora – esplendor!

Brotam da terra lindas flores,
A Alegria avança, cessam dores,
O Progresso se faz – Lei do Amor!

2014

* Poema classificado no Concurso Nacional Novos Poetas – Poesia Livre 2014, Vivara Editora Nacional, Antologia Poética, p. 133, www.vivaraeditora.com.br.

→ *Quatro filhos, seis netos, uma bisneta depois, a "espinha atravessada na garganta" parece que agora é engolida e digerida; nascem finalmente os Reflexos do bom combate. Já não era sem tempo!*

→ O Brasil tão rico e o Brasil tão pobre causam espanto, dentro e fora do País. As mudanças são lentas. Mas as novas gerações hão de oferecer exemplos de dignidade, num futuro que se espera não demore.

→ A ciência e a tecnologia surpreendem a cada momento: gerações de telefones celulares, televisores e outros aparelhos sucedem-se continuamente; descobertas astronômicas dão conta de terem sido identificados mais de 600 novos planetas; a medicina realiza prodígios... E o ser humano avança, a passos lentos, na sua viagem interior — para dentro de si mesmo...

MEU AMOR!

Quem diria
Que um dia
Eu iria
Te amar assim!
Minha linda flor,
Meu doce jasmim!

24 de dezembro de 2014

→ *Lembranças da adolescência — amores platônicos não correspondidos. Profissionalmente, novos desafios ao chefiar gabinete de secretaria de Estado, no Governo do Paraná.*

→ *Brasil de eleições gerais, de Copa do Mundo de Futebol em Curitiba e em outras cidades brasileiras, de ações desastrosas e de prisões de agentes públicos, de descobertas de ações de corrupção...*

→ *Ano de acontecimentos notáveis, na ciência, na educação, nas políticas públicas; ano de acontecimentos dolorosos — acidentes aéreos, desastres naturais...*

CONSTRUINDO A CIÊNCIA, A TECNOLOGIA E A INOVAÇÃO POR MEIO DAS UNIVERSIDADES ESTADUAIS PÚBLICAS: TRAJETÓRIA DE UM GESTOR

*Homenagem ao **Professor Alipio Santos Leal Neto**, secretário de Estado da Ciência, Tecnologia e Ensino Superior do Paraná (janeiro de 2011 a agosto de 2013).*

Você chegou de mansinho
Para importante missão:
Abrir novos caminhos
Nesta Pasta de muita ação.

O mundo das Universidades
Você já bem conhecia,
Em breve as qualidades
Da CTI o encantariam.

Nasceu o Conselho dos Reitores
Num dia de inspiração,
Reunindo os trabalhadores
Da grande área da Educação.

A Educação Superior Estadual
Robusto sistema se firmou:
Ensino, pesquisa, extensão, na real
Com a inovação se consolidou.

O Fundo Paraná se reformou,
Ganhou conta, identidade,
Mais forte se tornou
Apoiando inventividades.

Programas de muita ação:
Parque Tecnológico e Universidade Virtual,
Inovatec, Lei de Inovação,
Smart Energy e o escambau.

Plano de Carreira Docente
Foi vitória custosa,
Veio também o dos Agentes,
Todo mundo gente operosa.

Não se pode esquecer
As audiências de todo dia,
Pesquisadores, gente do metiê,
Inventores, sem nostalgia.

Buscando tempos novos
No Paraná e no Brasil,
Esforços trabalhosos
Que antes pouco se viu.

Vieram secretários, deputados,
Vereadores, cientistas,
Sonhadores, delegados,
Sem-terra, até repentistas

Procurar na SETI soluções

A problemas e desafios:
Novas formas, construções,
Sem medos e atavios.

Universidade Sem Fronteiras,
Programa Bom Negócio Paraná –
Não ações aventureiras,
Sim construção reta que ficará.

Muitas outras obras você conduziu
Com a equipe valorosa da Secretaria,
Fundação Araucária, TECPAR, SIMEPAR, em tudo você viu
O imenso potencial que aqui já havia.

O seu estilo você imprimiu,
Todos e cada um têm o seu;
Sua marca, jeito, perfil,
Ninguém de nós esqueceu.

Greves, movimentos, ameaças,
Você enfrentou com galhardia,
Ponderando que tudo passa
E é preciso manter harmonia.

Rede SETI Esportes, Residência Técnica,
Viagens pelo Brasil e mundo,
Trabalho árduo, com plena ética,
Intensos resultados fecundos.

Uma nova Universidade
Enfim saiu do papel:
A UNESPAR em seis cidades

Produzindo a granel.

Iniciando a nova trajetória
Você assumiu a vice-presidência
Do CONSECTI, fórum de vitórias
Da tecnologia, da ciência...

Reuniões em muitos lugares:
CAPES, MEC, IBM, CNPQ,
Em toda parte novos ares
Da SETI Paraná, nosso Paiquerê.

Além-mar, na Rússia, Inglaterra,
Abrindo portas ao Paraná,
Você visitou outras terras...
Japão, Itália, outras há...

Muito mais a gente poderia narrar
De sua profícua gestão,
Porém, tempo e espaço não há
Para esta nossa digressão.

Encerramos agradecendo a ocasião
Disso que vai na alma lhe externar:
Nosso carinho pelo caro Amigo, gratidão,
Por tudo que você nos permitiu partilhar.

Nosso abraço afetuoso ao Prof. Alipio!
Muito obrigado!

Curitiba, SETI, entronização do seu retrato na Galeria dos Secretários,
4 de dezembro de 2014.

Esse poema contém siglas de nomes de instituições públicas e privadas do Brasil e do Paraná, bem como denominações de programas e projetos governamentais; listá-los e traduzi-los seria, creio, cansativo e desnecessário; quem desejar conhecê-los poderá certamente buscá-los na internet.

→ O autor sente-se gratificado pela oportunidade de publicar seu primeiro livro de poesias, na forma impressa e de e-book, de sentir em si reavivado e fortalecido o sentimento de dedicação mais intensa à Literatura. Sente-se igualmente feliz ao participar da vida pública, como servidor público estadual, ainda que aposentado, contribuindo para o progresso e desenvolvimento do seu estado, o Paraná, e aberto à aprendizagem permanente.

→ No Brasil, onda de renovação na política e na administração pública: prisão de agentes públicos envolvidos em atos de corrupção, atuação de instituições destacadas dos três Poderes (Legislativo, Executivo e Judiciário) e cobrança da população por posturas éticas, condizentes com a Democracia.

→ No mundo, guerra ao terror por parte de países alinhados economicamente, ainda que divergentes politicamente; invenções e descobertas; muita gente voltando-se para a religiosidade e a participação em projetos sociais, demonstrando solidariedade e fraternidade.

EDUCAÇÃO E TRANSFORMAÇÃO

Só a Educação transformará – disse alguém
Com propriedade – embora a riqueza do saber –;
Por isso, não podemos parar – vamos além! –;
Construindo ações educativas que se hão de manter

À custa de trabalho árduo, de esforço colossal,
Conversando, debatendo, estudando, pesquisando,
Compreendendo que a repressão e o cuidado moral
Necessitam de ciência e religiosidade para que o educando

Melhor se conhecendo adote atitude sã,
Que o conscientize dos objetivos da vida;
Que ele possa entender hoje que o seu amanhã
Depende de conduta transformadora que lhe dê guarida

Para caminhar com vigor e sabedoria
No complexo cenário do mundo globalizado...
Que não seja reles e fugaz a sua alegria
Mas lhe permita conviver como civilizado

No imenso educandário da Mãe-Terra,
Que a todos nos abriga com amor maternal...
Devemos buscar intensa paz, evitando a guerra
Que produz dores e sofrimentos, próprios do mal.

O nosso desejo mais intenso é de que a união
De esforços, das sábias cabeças pensantes,
Aliada ao conhecimento, à esclarecida razão
Propicie caminhos seguros, não só instantes

De arroubo, entusiasmo e tíbias intenções...
Vibrando em sintonia, que possamos prosseguir,
O melhor de nós impulsionando os nossos corações
Para que tenhamos, na Terra, alegre porvir

Após a noite tempestuosa que ora se faz...
Assim será, porque toda ação tem igual reação
E construindo hoje, teremos amanhã a paz...
Sigamos, pois, este rumo para a desejada redenção!

09/12/2014

- → Homenagem aos bravos integrantes do Conselho Estadual de Políticas Públicas Sobre Drogas do Paraná – CONESD por ocasião de reunião ordinária do Conselho, realizada na sede da SETI, com a presença, na abertura, do Secretário de Estado da Ciência, Tecnologia e Ensino Superior, Prof. João Carlos Gomes. O autor, então Chefe de Gabinete da Secretaria, por inúmeras vezes efetuou conexões para a participação de representantes da SETI nas reuniões do importante colegiado.
- → O Brasil tem o maior número de homicídios no mundo.
- → República de Singapura é o país que apresenta o maior Índice de Desenvolvimento Humano (IDH) dos países asiáticos (9.° melhor do mundo em 2014). O seu território é altamente urbanizado, mas quase metade dele é coberto por vegetação. No entanto, mais terras estão sendo criadas para o desenvolvimento por meio do processo de aterramento marítimo.

NOSSO PASSEIO A CASTRO

À Prof.ª **Marilda Luíza Tartas** *e à sua filha, fotógrafa,* **Heloísa Falak**, *dinâmicas empreendedoras de nossas excursões turísticas.*

Nesta risonha manhã,
Sob a tutela da Heloísa e da Marilda,
Confirmamos nosso encontro programado!
Não há sol, mas vida sã,
No fundo, paisagens floridas,
Reviveremos glorioso passado!

Excursão – valorosa oportunidade
De novos amigos e corações
Trocarem ricas experiências...
Na Terra, só temos felicidade
No bem que fazemos, nas expressões
De amor, bondade e ciência...

Alguns de nós, velhos conhecidos,
Outros, novos amigos – bem-vindos!
Certeza: seremos todos companheiros!
A Deus estamos agradecidos
Por este passeio a que estamos indo
Na terra de muitos pinheiros!

Castro! Antiga nossa capital,
Aqui viemos almoçar, conhecer
Marcante e instrutivo passado!

Viemos nos alegrar, afinal,
Sempre é tempo de aprender
Na vida – caminho iluminado!

Passamos ao largo do rio Iapó,
Cantado em melodias e versos,
Banhando a encantadora região!
Casario antigo, história e não é só:
A Castrolanda, Carambeí, diversos
Setores a brilhar no rincão!

Terra de gente ilustre, governantes,
Como Manoel Ribas*, o Interventor
Que por treze anos governou o Paraná
Na era Getúlio Vargas – transformante!
Cooperativas, Batavo, terra de desembargador,
Do Brasil antigo, de fazenda colonial!

Almoço saboroso na Casantiga,
Momento mais alegre – confraternizar
E novas amizades construir!
Fazenda Capão Alto, herança antiga
Que o governo há anos resolveu tombar,
No projeto há muito pra investir!

Ali vimos a História em movimento:
O Brasil-Colônia, os tropeiros,
A escravidão – senzala, casa grande –,
Fatos que remontam ao descobrimento,
Aos indígenas, aos estrangeiros,
À pátria nascente, aos bandeirantes!

Compras aqui, fotos, lanches acolá!
Cansados mas revigorados
Voltamos agora ao abençoado lar!
Passeio é muito bom – viajar!
Voltamos mais experimentados
Ao ninho doméstico, ao nosso lar!

11 de julho de 2015

→ *Poema composto em dois momentos, durante viagem turística a Castro, histórica cidade dos Campos Gerais, no Paraná: as quatro primeiras estrofes, a caminho, pela manhã, antes da chegada; o restante, no período da tarde e no retorno.* Contexto: Manoel Ribas, interventor, nasceu em Ponta Grossa, sendo designada por Campos Gerais a região que compreende vários municípios, cuja influência se estende para além desses limites, abrangendo até o município que recebeu o nome dele, no centro do território estadual; governou o Paraná por 13 anos e realizou gestão eficiente na administração pública estadual.*

→ *Primeiro semestre de 2015: o Brasil enfrenta crise institucional, política, econômica e social de gravidade. Desgaste do governo federal. Alteração de políticas públicas, de direitos trabalhistas; debates visando à aprovação de medidas polêmicas, como a redução da maioridade penal para 16 anos; aumento da inflação e do desemprego.*

→ *Também no primeiro semestre: no cenário mundial, impasse na União Europeia; a Grécia, imersa em profunda recessão econômica, desafia o bloco europeu ao não aceitar suas regras para solução da crise.*

SAUDAÇÕES AO GRANDE MESTRE!

Ao **Prof. Dr. João Carlos Gomes**, *secretário de Estado, na data do seu aniversário. Homenagem dos seus amigos do Sistema Estadual de Ciência, Tecnologia, Inovação e Ensino Superior do Paraná, coordenado pela SETI.*

Nesta noite festiva e risonha,
Queremos o Mestre saudar!
Hoje, nada de cara tristonha!
Vamos falar, cantar e brindar!

Professor João Carlos Gomes, ex-Reitor
Da famosa Universidade Estadual
De Ponta Grossa, onde ele, Professor,
Tornou-se figura magistral!

Desceu dos Campos Gerais
Para na Capital coordenar
Diversos órgãos estaduais,
pilares singulares do Paraná!

Com sua simpatia cativante,
Sua competência profissional,
Seu jeito todo elegante,
Ele é agente de Deus – colossal!

Nesta data sempre marcante –
12 de julho – viemos comemorar,

Desejando-lhe saúde bastante
Para sua missão adiante levar!

Parabéns, grande Secretário Professor!
Receba nosso abraço, nosso carinho,
Nossos votos fraternos, com louvor,
De sempre sol em seu caminho!

12 de julho de 2015

→ *Atuar na chefia do Gabinete do Secretário João Carlos Gomes durante sua gestão rica de realizações voltadas para as áreas de Ciência, Tecnologia, Inovação e Ensino Superior foi para mim experiência de vida pessoal e profissional de alto significado. Conviver com pessoas especializadas nessas áreas trouxe-me, certamente, preciosos saberes de conhecimento. Saudá-lo em seu aniversário, em nome de todos que constituímos seu grupo de trabalho, além de ser prazerosa atitude, é para mim um dever muito agradável.*

→ *As histórias em quadrinhos no Brasil (também chamadas de HQs, gibis, revistinhas ou historietas) começaram a ser publicadas no século 19, adotando um estilo satírico conhecido como cartuns, charges ou caricaturas e que depois se estabeleceriam com as populares tiras. A edição de revistas próprias de histórias em quadrinhos no País começou no início do século 20. Homenagem às histórias em quadrinhos, pelas quais o autor destes Reflexos... aprendeu a ler, depois de receber de sua mãe o alfabeto e os números.*

→ *Barcelona é a capital da comunidade autônoma da Catalunha, no Reino de Espanha, bem como o segundo município mais populoso do País. É a sexta área urbana mais populosa da União Europeia, depois de Paris, Londres, Madri, Ruhr e Milão. É a maior metrópole do mar Mediterrâneo, localizada na costa entre a foz dos rios Llobregat e Besòs, e limitada ao oeste pela Serra de Collserola, cujo pico mais alto é de 512 metros de altura. Fundada como uma cidade da Roma Antiga, durante a Idade Média Barcelona tornou-se a capital do condado de Barcelona. Após a fusão com o Reino de Aragão, Barcelona continuou a ser uma cidade importante na Coroa de Aragão como um centro econômico e administrativo real e a capital do principado da Catalunha. Barcelona possui uma rica herança cultural e é hoje um importante polo cultural e um destino turístico popular. A sede da União para o Mediterrâneo está localizada em Barcelona. A cidade é conhecida por hospedar os Jogos Olímpicos de Verão de 1992, bem como conferências e exposições de classe mundial e também muitos torneios de esporte internacional.*

O BARÃO HERÓI DO PARANÁ

*A propósito de palestra proferida pelo desembargador **Noeval de Quadros**, também membro do Centro de Letras do Paraná, onde falou com conhecimento e entusiasmo contagiante em homenagem aos 170 anos de nascimento de **Ildefonso Pereira Correia, o Barão do Serro Azul**, herói paranaense que figura no Panteão Nacional dos Heróis da Pátria.*

I mpossível ocultar a Verdade!
L uz um dia se faz!
D epois de tanto tempo
E stamos hoje a comemorar
F ato que demonstra correção de erro:
O Barão do Serro Azul
N ão traiu nem negou nossa Pátria!
S onhou grande e muito fez!
O seu legado grandioso,

P ercebe-se agora, foi além da erva-mate,
E stendeu-se ao transporte urbano,
R ompeu limites, abrigou madeireiras,
E rgueu prédios, povoou jardins de flores,
I rradiou-se para outros países,
R enteou com Lins de Vasconcellos e Mauá:
A ssociação Comercial do Paraná,

C lube Curitibano, exportação, premiações,
O nde ia sua influência, tudo prosperava!
R endido aos seus dignificantes valores

R oga o governo federal brasileiro:
E xpeça-se lei que coloque o Barão,
I mpoluto como sempre se conduziu,
À luz da Verdade, no Panteão dos Heróis da Pátria!

11 de agosto de 2015

→ Visitante convidado pelo gentil e fraterno amigo Noeval de Quadros, emocionei-me profundamente, como outras tantas pessoas ilustres presentes naquele ágape cultural, com os traços da vida do Barão do Serro Azul; suas obras beneméritas confirmam a grandeza do seu caráter — um paladino do bem que usou sua inteligência e espiritualidade, seu empreendedorismo pioneiro a serviço de causas humanitárias e patrióticas; nesse Dia do Advogado, deparamo-nos com um autêntico defensor de pessoas e instituições.

→ Grave crise política nacional no Brasil: Câmara dos Deputados e Senado em conflito com a Presidência da República; escândalo na PETROBRAS envolve empresários e políticos; em estados e municípios, crises pontuais afetam toda a sociedade; depois de feitos memoráveis do ministro Joaquim Barbosa, que condenou políticos do Mensalão, o juiz Sergio Moro, em Curitiba, conduz com firmeza e dignidade a Operação Lava Jato, acenando com esperanças de que o País tem solução, por posturas transparentes de gestores, agentes públicos e políticos.

→ Setenta anos depois, as bombas atômicas que os Estados Unidos lançaram sobre Hiroshima e Nagasaki ainda causam perplexidade: como pode o ser humano perpetrar tamanha atrocidade contra o seu semelhante? O Japão lembra o infausto acontecimento realizando cerimônias de homenagem aos milhares de vítimas, muitas destas vivas e que nesta oportunidade narram o terror daqueles dias 6 e 9 de agosto de 1945, que assinalaram a rendição do Japão, na Segunda Guerra Mundial.

REFLEXÕES DO ÚLTIMO MINUTO

Por invigilância do pensamento
Foi levado ao País da Fantasia.
Reviveu sonhos adolescentes.
Cantou.
Versou.
Sorriu.
Chorou.
Pés no chão, mente nas nuvens.
Mãos invisíveis, amoráveis,
O sustentaram por angustiosos dias.
Alertas.
Intuições.
Sugestões sutis.
Então caiu o enganoso véu.
A realidade plena se fez.
Ficaram na madrugada onírica
As ilusões descabidas.
O Ser, fortalecido, orou humildemente,
Agradecendo as novas lições.
Rogou a Deus nova oportunidade,
Abraçando os trabalhos do novo dia.
Mais uma vez, está tudo certo!

4 de setembro de 2015

→ *"Do berço ao túmulo, estamos aprendendo. E depois também".* Essa afirmativa, que frequentemente uso em minhas conversações, continua atestada e atualíssima. A maturidade do Ser é *rara no estágio evolutivo em que nos encontramos. O imperativo do autoconhecimento prossegue, inamovível. Toda hora é hora de aprender. Necessário, pois, manter "a mansidão das pombas, mas a prudência das serpentes" (Jesus). Vigiar o pensamento, que leva à palavra, que leva à ação, que leva ao hábito, que leva ao caráter.*

→ *O Brasil vive dias difíceis, no campo político, econômico. Descrédito da população em relação aos governantes, agentes públicos. A Operação Lava Jato continua uma verdadeira varredura em relação aos escândalos recentes de corrupção na PETROBRAS. De outro lado, fortalece-se a esperança de dias melhores para o País.*

→ *Nossa casa planetária — a Terra — apresenta contrastes que parecem incompatíveis com os tempos. Nessa semana, a revista Veja destaca que "o açoitamento foi abolido no Afeganistão, mas alguns tribunais mantêm a punição". Exemplo disso se deu com o jovem casal Zarmina e Ahmad: cem chicotadas em cada um, em praça pública, diante de um público unicamente masculino, por terem tido relações sexuais fora do casamento.*

AYLAN SHENU

Abdullah Shenu, sua mulher, seus dois filhos,
Aylan e Galip, só queriam deixar a Síria, seu país,
ultimamente ensanguentada pela guerra civil,
para vida nova no Canadá.
Pagou 4.000 euros por essa aventura sem volta,
como tantos compatriotas seus.
O traficante de pessoas organizou a operação,
Mas quando viu que a embarcação inflável
não resistiria a tanta gente,
abandonou-a, fugindo a nado.
Naufrágio!
Abdullah resistiu por três horas,
tentando salvar a esposa e os filhos.
Sobreviveu com outras tantas pessoas.
Exemplo de como vivem hoje imigrantes e refugiados,
descontentes com suas pátrias.
Sonham ser felizes em outras terras.
E o são, quando conseguem vencer desafios de vida e morte.
Aylan, de apenas três anos,
devolvido à praia pelas águas do Mar de Bodrum,
torna-se símbolo de desumanidade,
desprezo pela vida, desespero, violência,
egoísmo, ganância e crueldade.
Mas poderá tornar-se símbolo de compaixão,
elevação do espírito humanitário,
dignidade do ser humano –
não importa sua origem, sua crença, sua etnia,

sua condição social, seu idioma pátrio.
Em essência, somos todos seres humanos,
iguais em necessidades e potencialidades,
sonhos e direitos.
Aylan há de falar aos corações
de europeus e americanos,
asiáticos e australianos,
árticos, antárticos e africanos,
pedindo misericórdia e piedade
pelos que "não sabem o que fazem"
e – na terna imagem do seu corpinho na areia da praia –
rogando despertamento de consciências
a todos que podem tornar a vida humana
o bem mais precioso a ser preservado.
Aylan, teu martírio e da tua família
Não há de ficar em vão:
Algo importante vai acontecer
Na velha Europa, cansada e agonizante,
E um novo dia raiará
Para todos os países
Na direção de uma pátria comum
A todos os "Filhos do Calvário"!

7 de setembro de 2015 — Dia da Independência do Brasil

→ *O Ser avança no tempo, deixando seu individualismo, seu senso egoico, para compartilhar sentimentos e emoções, sonhos e esperanças com seus irmãos de outras plagas; seu domicílio pode ser qualquer lugar da Mãe-Terra; sua família é a humanidade inteira.*

→ *Neste Sete de Setembro, Dia da Pátria Brasileira, ocasião de contemplar o presente e refletir; momento para comparar o ontem e o hoje... Conclusão: o amor ao Brasil é superior a todas as misérias e equívocos de governantes e representantes do povo; o amor ao Brasil é um sentimento profundo de gratidão, homenagem e compromisso de trabalho no bem, de espírito patriótico dos seus filhos agradecidos pela honra de participar da construção da nacionalidade brasileira; sentimento este que mais se fortalece, envolvendo a todas as pessoas que com sinceridade trabalham pelo "Coração do Mundo, Pátria do Evangelho", nas palavras de Humberto de Campos/Irmão X, na psicografia de Chico Xavier.*

→ *Fantástica contradição: a Ciência e a Tecnologia conseguem proezas formidáveis, propiciando conforto e bem-estar. Porém, geram também problemas inesperados, como este: "As inúmeras possibilidades de conexão digital representam uma estupenda conquista para a sociedade atual. Mas a ânsia de estar on-line com tudo e, principalmente, com todos, o tempo inteiro, fez nascer um personagem: o cibersolitário" (VEJA, ano 48, n. 36, edição 2.442). Em tempo de computador, internet, Facebook, Instagram, telefone celular, WhatsApp, o ser humano continua um aprendiz no campo dos relacionamentos*

GRATIDÃO

Aos amigos e às amigas, companheiros e companheiras de trabalho, na Secretaria de Estado da Ciência, Tecnologia e Ensino Superior (Seti), neste momento a nossa preciosa escola de vida!

"Quem tem um amigo, tem um tesouro,"
Diziam os egípcios antigos.
Amigo não vale por nenhum valor, não se troca por ouro.

Amizade é este doce sentimento
A preencher a alma, aprimorando o ser,
Inspirando a conduta, enriquecendo o pensamento...

Amizade não é amor-paixão, nem platônico contemplar.
Não é laço frágil, morno, insípido, frio,
É no fundo um afeto caloroso em permanente caminhar.

Sob emoção, profundamente agradecido,
A minha gratidão a todas as pessoas, tão queridas,
Que me alegraram o coração enternecido

Nesta manhã de sol, céu azul e alegria
Que se faz lá fora e aqui em nossas almas
A celebrar, em altar íntimo, a Amizade – terna sinfonia!

Gratidão a Vocês, com seus belos sentimentos,
Suas palavras, seu gesto, sua vibração fraternal,
Suas dádivas em forma de saborosos alimentos!

Segunda-feira, 31 de agosto de 2015, intervalo de almoço.

- → Ao regressar de férias profissionais, surpreendido por tocante festividade, sob a coordenação do Prof. Dr. Décio Sperandio, diretor-geral da Secretaria de Estado da Ciência, Tecnologia e Ensino Superior, presente todo o grupo de trabalho, no auditório da SETI.
- → Medo e violência: fenômenos rotineiros assustam os brasileiros.
- → Papa Francisco: sua liderança firma-se como das mais importantes no cenário mundial.

DR. BEZERRA DE MENEZES, ANO 115

> Ao Dr. **Adolfo Bezerra de Menezes Cavalcanti**, o médico dos pobres, o Kardec brasileiro, patrono da Faculdade Espírita, de Curitiba — homenagem dos seus admiradores, 29 de agosto de 2015.

B ondoso amigo dos brasileiros
E agora também dos latino-americanos,
Z une na acústica da tu'alma
E strondosa agitação dos teus irmãos
R enovados pelas lutas redentoras,
R evitalizados pelas sublimes claridades
A gora postas no cenário humano!

D eixaste para trás luminosa senda
E a enriqueces ainda mais, além do Brasil,

M archando junto dos irmãos de outras terras!
E ntoas o cântico da imortalidade
N' alma de todos que se lhe acercam,
E ntre inspirações sutis e ostensivas ações!
Z arpaste para outros oceanos, em terna doação,
E em toda parte, na Terra e no Mais Além,
S inalizas a hora decisiva, servindo com Jesus e Kardec!

→ Os seres e suas conexões: sensibilidade e emoções em contato com a Faculdade Espírita e seu Patrono, Dr. Bezerra de Menezes. A Prof.ª Neyda Nerbass Ulysséa na coordenação do fraterno encontro comemorativo.

→ *1º de janeiro de 2015: começa o segundo mandato de Dilma Rousseff, presidenta do Brasil.*

→ *A Guerra Fria, que assolou o mundo no século 20, chega ao fim: Cuba, último reduto do comunismo no ocidente, recebe a visita de Barack Obama, presidente dos Estados Unidos. O presidente Raúl Castro acena com abertura política e econômica.*

ACRÓSTICO PARA ANA LUÍZA

No seu adolescer.

A h, como dar boas-vindas
N o cenário de hoje, tão complicado,
A uma jovem inteligente, meiga e doce?

L uzes talvez nos faltem para isso.
U m apelo, então, fazemos ao Criador:
I lumine sempre este anjo com jeito de fada!
Z anzando ela não está, pois ela é
A na Luíza Paiva Silva, filha da **Leninha**, adolescente com Amor!

6 de janeiro de 2016

→ *Era o fim de uma manhã ensolarada, já perto do meio-dia, quando comemoramos o aniversário da jovem que vimos crescer junto de sua mãe, a Leninha, nossa dedicada, abnegada e competente colega de trabalho. Bolo, refrigerante, a união dos amigos para a foto. E o poema saiu assim, instantâneo, rápido, objetivo, de modo a homenagear a Ana Luiza e registrar a importante efeméride — a adolescência de sonhos, magias, descobertas, conflitos, planos! Eis o porquê da homenagem.*

→ *Os Dez Mandamentos são um filme épico brasileiro de 2016, lançado pela Record Filmes em parceria com a Paris Filmes. O filme é uma adaptação da novela homônima apresentada pela Record TV em 2015, obtendo cenas inéditas e desdobramentos distintos dos que foram exibidos em seu último capítulo na televisão. A adaptação foi escrita por Vivian de Oliveira e dirigida por Alexandre Avancini, contando com Guilherme Winter, Sérgio Marone, Camila*

Rodrigues, Petrônio Gontijo, Giselle Itié, Sidney Sampaio, Denise Del Vecchio, Larissa Maciel e Paulo Gorgulho no elenco principal. O filme contou com um grande investimento em efeitos especiais e narra uma das mais conhecidas passagens da Bíblia: a história de Moisés desde o seu nascimento até sua velhice, destacando o encontro com Deus no Monte Sinai, as pragas lançadas sobre o Egito, a sua participação no êxodo dos hebreus, a passagem pelo Mar Vermelho, e a revelação dos Dez Mandamentos. Portanto, o filme cobre mais de cem anos de história.

→ *O nome Wikipedia foi criado por Larry Sanger e é uma combinação de wiki (uma tecnologia para criar sites colaborativos, com original na palavra havaiana wiki, que significa "rápido") e enciclopédia. A palavra Wikipédia é uma adequação lusófona da forma original anglófona sobre a fusão dos dois nomes que formam o termo. Em português, o prefixo wiki é somado ao sufixo de enciclopédia, ganhando acento diacrítico agudo no e, para atender à gramática lusófona. A Wikipédia afasta-se do estilo tradicional de construção de uma enciclopédia, possuindo uma grande presença de conteúdo não acadêmico. Quando a revista Time reconheceu "Você" como a Pessoa do Ano de 2006, devido ao sucesso acelerado da colaboração on-line e da interação de milhões de usuários ao redor do mundo, citou a Wikipédia como um dos vários exemplos de serviços da web 2.0, com YouTube, MySpace e Facebook. A importância da Wikipédia tem sido notada não apenas como uma referência enciclopédica, mas também como um recurso de notícias atualizado com frequência, por conta da rapidez com que artigos sobre acontecimentos recentes aparecem. Estudantes têm sido orientados a escrever artigos para a Wikipédia como um exercício de explicar de forma clara e sucinta conceitos difíceis para um público não iniciado. [Por que mais uma vez tratar, neste livro, da Wikipédia? Penso seja oportuno destacar essa fabulosa fonte de conhecimento, democrática, aberta, não elitista, que disponibiliza dados, informações que, com justiça, se universalizam e se põem a serviço da população mundial.]*

UMA FESTA UNIVERSITÁRIA DE PRIMEIRA: UNICENTRO, 4 DE FEVEREIRO!

Magnífico encontro se fez
Na Guarapuava da Unicentro!
Posse da Reitoria, outra vez,
Alegrias, contentamentos!

Amigos do Paraná inteiro
Felizes a confraternizar,
Saudando-se, companheiros,
Servir, construir, ensinar!

Quanta cultura, conhecimentos,
Nas palavras dos discursantes,
Nos diálogos, nos pensamentos,
A ocuparem todos os instantes!

Robusto sistema presente:
Sete Universidades, alunos cem mil,
Dezessete mil professores e agentes
Formando gente para o Brasil!

Desenvolvimento Regional – o que seria
Sem essas nobres Instituições?
Impossível imaginar, pouco existiria,
As Universidades estão em todas as regiões!

Ensino Superior, Ciência, Tecnologia,
Agora o mais novo pilar – Inovação!
Sustentáculos em franca parceria,
Molas propulsoras da nossa evolução!

Nesse cenário de tantas qualidades, um ex-Reitor,
O atual **Secretário Professor João Carlos Gomes**,
Docente, pesquisador, idôneo gestor,
A coordenar esse exército de mulheres e homens!

Saudamos como estrelas cintilantes
O **Vice Osmar, Aldo o Reitor**,
Com votos de novos projetos brilhantes
Em benefício do Sul, com todo o amor!

Guarapuava, *campus* Santa Cruz, 4 de fevereiro de 2016.

→ Homenagem da Secretaria de Estado da Ciência, Tecnologia e Ensino Superior (SETI), por ocasião da **sessão solene de posse/recondução do Prof. Osmar Ambrósio de Souza** como **vice-reitor** e do **Prof. Aldo Nelson Bona** como **reitor da Universidade Estadual do Centro-Oeste (UNICENTRO)**.

→ Impeachment da presidenta Dilma Rousseff. Maior manifestação popular já vista no Brasil, quando mais de 300 cidades simultaneamente pedem mudanças políticas. Michel Temer, vice-presidente da República, assume o governo.

→ Estados Unidos: eleição do bilionário Donald Trump, do Partido Republicano, que venceu Hillary Clinton em movimentada campanha. Mundo surpreso com o estilo do novo governante americano.

A MULHER E O HOMEM

**Homenagem da SETI,
8 de Março de 2016, Dia Internacional da Mulher.**

M ulher é a presença de Deus na Terra,
U nindo qualidades e virtudes,
L uz forte no caminho, evitando guerras,
H onrando o trabalho, preservando a saúde!
E steja o Homem sempre ao lado da Mulher,
R edimindo-se ambos, como Deus quer!

→ É a sintonia do tema, da data, como se eu me cobrasse: é preciso fazer um poema para, mais uma vez, homenagear a Mulher como parceira de jornada, como a grande Mãe, nela personificando todas as figuras femininas e seus papéis em nossa vida. Para não ser repetitivo, eis então um novo poema. Até porque "tudo muda o tempo todo", como disse alguém.

→ 8 de Março de 2016: Dia Internacional da Mulher. Novamente se comemora essa data tão marcante na cultura contemporânea. Depois de séculos e milênios de minimização do papel feminino na história da humanidade, em diferentes civilizações, orientais e ocidentais, eis que no mundo de hoje o mundo ocidental busca resgatar essa falha e exaltar o papel feminino na formação dos povos. Isso desde o **dia 8 de Março de 1857**, quando operárias de uma fábrica de tecidos situada na cidade norte-americana de Nova Iorque fizeram uma grande greve. Por isso, foram trancadas dentro da fábrica, que foi incendiada. Aproximadamente 130 tecelãs morreram carbonizadas, num ato desumano. Desde então, o Oito de Março tem a função de homenagear as mulheres do mundo inteiro. Nesse dia, portanto, esse poema simples mas incisivo veio à baila e foi divulgado no meu ambiente de *trabalho, na Secretaria de Estado da Ciência, Tecnologia e Ensino Superior do Paraná, a SETI.*

→ *O governo Dilma Rousseff é o período da história política brasileira que se inicia com a posse de Dilma Vana Rousseff no cargo de presidente, em 1º de janeiro de 2011, após ter derrotado o candidato do PSDB, José Serra, nas eleições de 2010; passa por sua reeleição, em 2014, que lhe garantiu o direito a um segundo mandato presidencial em 1º de janeiro de 2015, e termina com seu impeachment em 31 de agosto de 2016. O período é marcado como um fato histórico, pois representa a primeira vez que uma mulher assumiu a Presidência da República no Brasil. Dilma reelegeu-se em 2014. Seu segundo mandato foi marcado por uma grave crise econômica e política no País, com o PIB per capita encolhendo mais de 9% entre 2014 e 2016. Nos primeiros meses de governo, Dilma contrariou a vontade de setores do próprio partido de regulamentar a imprensa e declarou que "a imprensa livre é imprescindível para a democracia". O Índice de Democracia, elaborado anualmente pela revista britânica The Economist, colocou o Brasil em 2010, início do Governo Dilma, como o 47º País mais democrático do mundo. No ranking de 2013, ele apareceu na 44ª colocação. Segundo a pesquisa, 11% da população mundial viviam em "democracias completas", o que não era o caso do Brasil, ainda considerado uma "democracia imperfeita".*

→ *Angela Dorothea Merkel (nascida em 17 de julho de 1954) é uma política alemã e atual chanceler do País desde 2005, foi líder do partido de centro-direita União Democrata-Cristã (CDU) de 2000 a 2018. Ela já foi descrita como a líder de fato da União Europeia, a mulher mais poderosa do mundo e a "líder do Mundo Livre". De Hamburgo, Alemanha Ocidental, mudou-se para a Alemanha Oriental ainda criança, quando seu pai, um clérigo luterano, recebeu um pastorado em Perleberg. Ela se formou em Química Quântica em 1986 e trabalhou com pesquisas científicas até 1989. Após a Revolução de 1989, ela entrou na política e por um curto prazo foi porta-voz do primeiro governo democraticamente eleito na Alemanha Oriental, liderado por Lothar de Maizière em 1990. Após a reunificação alemã, Merkel foi eleita para o Bun-*

destag, pelo estado de Mecklemburgo-Pomerânia Ocidental, sendo reeleita desde então. Como protegida do chanceler Helmut Kohl, ela foi nomeada ministra do Meio Ambiente, Proteção da Natureza e Segurança Nuclear da Alemanha em 1994. Depois que o seu partido perdeu as eleições federais em 1998, ela foi eleita secretária-geral da CDU, antes de vir a se tornar a primeira líder mulher do partido dois anos depois, após um escândalo de corrupção vir à tona e derrubar Wolfgang Schäuble.

EMOÇÕES DA PRIMAVERA

*Para **Ana Luíza***

Quem ama, cuida! – Içami Tiba

Abrir caminhos é tão importante
Quanto respirar e se alimentar,
Valorizar oportunidades, instantes
E prosseguir a jornada, avançar!

Com suas qualidades
Você vem conquistando posições,
Estudando, desenvolvendo habilidades
Você alcança pessoas, corações!

Rainha da Primavera, Princesa,
Você chegou lá, cativou com seu charme,
Irradiando simpatia e beleza,
De modo natural e belo, sem alarme!

O carinho dos seus amigos e familiares,
Acreditar em você, foi fundamental,
Para que você vencesse os mares
Dos Desafios, em competição leal!

Acredite mais em você, seus pensamentos,
Suas ideias felizes, inspirações,
Não pense em dores, sofrimentos,
Viva o agora de belas emoções!

E continue a ser essa alma bela,
Alegre, bonita, meiga, inteligente,
Fazendo de hoje prolongada Primavera,
Ajudando o Mundo Melhor e tanta gente!

O nosso carinho por sua Mãe e Você,
Mãe exemplar que se faz com tanto valor!
Novos horizontes de luz se farão porque
Tudo é alegria perene – no coração o Amor!

Curitiba, 24 de setembro de 2016.

→ *Homenagem à jovenzinha Ana Luiza Paiva Silva, em memorável campanha; ela coroada Rainha da Primavera, pela sua escola. Carinhosa lembrança também pela sua mãe, Euzilene Aparecida da Silva (Leninha), que por 22 anos atuou na SETI.*

→ *Muitos políticos tornam-se réus na Operação Lava Jato e são presos e condenados. Delação premiada de gestores da Construtora Odebrecht traz à tona os bastidores da corrupção envolvendo personalidades do mundo político brasileiro.*

→ *25 de novembro de 2016: morte de Fidel Castro, aos 90 anos, que por meio século governou Cuba, sob o ideal comunista.*

PROVAÇÕES

*Para a **Andrielle**, minha neta.*

Se provas amargas se fazem
E duros sofrimentos
Tornam difícil a sua viagem,
Não se aflija em vãos tormentos!

Confie no sol aconchegante
Que logo mais outra vez brilhará!
Veja a chuva revigorante
Que o solo e a planta alegrará!

Não se abata nem se amargure!
Deus sabe das suas carências.
Não há mal que sempre dure.

Usemos a mente e o coração!
Busquemos Deus na consciência!
Para tudo acharemos solução!

31 de janeiro de 2017

→ Não podendo carregar a cruz alheia, ainda que as pessoas sejam para nós muito caras ao coração; devemos, ao menos, ser solidários, como Simão, o Cirineu, instado a auxiliar Jesus a levar a cruz infamante até o Morro da Caveira, o Calvário. Netos são segundos filhos; e nós, avós, fazemos por eles das tripas coração, já que estamos hoje mais experientes e temos *melhores condições de vida para ajudá-los a encontrar seus próprios caminhos.*

→ *Terror no sistema penitenciário brasileiro: violência ultrapassa todos os limites.*

→ *Incêndios destruíram florestas e arrasaram cidades, em 2017. Em Portugal, quem tentou escapar caiu em uma armadilha: 62 mortos nas estradas.*

ACRÓSTICO DA AMIZADE PURA

*À sempre doce **Santinha**,*
***Eloyna Cadilhe de Oliveira Costa**,*
*pelos seus **90 anos** de caminhada feliz!*

S endo irmãos de jornada,
A migos parceiros na aventura humana,
N ada a temer, tudo a confiar!
T empo – um dos tesouros que Deus nos dá,
I mplacável, a nos cobrar ação no Bem!
N este afã sagrado, estamos todos reunidos
H oje, para abraçar a Amiga Querida!
A ve, Santinha! Nós te saudamos!

Os seus amigos, mantidos na esteira do Tempo, graças à sua Amabilidade, Simpatia, Cordialidade, Amizade e Puro Amor Fraterno!

Castelo de Trevizzo, Santa Felicidade, 29 de abril de 2017.

→ *Alegre e festivo reencontro de aniversário. Companheiros de trabalho da Casa Civil/Palácio Iguaçu em torno da pessoa emblemática da Santinha, colega singular no trato desafiador e cativante de textos, livros e autores. Ter convivido com a Santinha profissionalmente na sede do Governo do Estado do Paraná, nos anos 1980/1990, foi rica experiência de vida, que extrapola estes registros de homenagem.*

→ *12 de julho de 2017: o juiz Sergio Moro condenou o ex-presidente do Brasil Luiz Inácio Lula da Silva, diz a imprensa.*

→ *14 de maio de 2017: Emmanuel Jean-Michel Frédéric Macron, político, funcionário público e banqueiro, vence as eleições e é eleito presidente da França.*

A AMIZADE

> Ao secretário de Estado da Ciência, Tecnologia e Ensino Superior do Paraná, **Prof. João Carlos Gomes**, por ocasião da comemoração do seu 60º aniversário, em 12 de julho.

Dos imensos tesouros que a Vida nos oferece,
Eis um dos mais preciosos, ainda raro:
A Amizade! Seus raios de ouro fortalecem
Os vínculos humanos e os tornam mais caros.

Que seria de nós, protagonistas da História,
Sem esse laço que nos faz mais irmãos?
Certamente mais rude e áspera a trajetória
na busca quase eterna do progresso – evolução!

Eis porque devemos enaltecê-la, valorizá-la!
Sem a Amizade a vida seria grotesca e árida
E a solidão triste companheiro diário.

Encontros como este são ocasião de destacá-la,
De torná-la presente, de a termos válida!
A Amizade, assim, é ponto de luz no terrestre cenário!

12 de julho de 2017

→ *12/07/2017: no doce aconchego do trabalho, elegemos um local para nossas confraternizações – o Espaço de Convivência da Secretaria de Estado da Saúde (SESA), no Jardim Botânico, no* mesmo território físico da Secretaria de Estado da Ciência, Tecnologia e Ensino Superior (SETI). Nessa data, o churrasco delicioso de sempre tinha um foco muito especial: o aniversário do Prof. Dr. João Carlos Gomes, nosso dinâmico e competente secretário. Após o expediente, a reunião confraternativa — bate-papos, descontração, comida caseira deliciosa, música, discursos e com frequência um poema como este, já tornado item do programa: "Temos poesia hoje, Maia?". Ouso falar mais do Prof. João Carlos: Pessoa de qualidades destacadas, cuja trajetória acadêmica e profissional aprendemos a admirar: de família numerosa, 13º filho de trabalhadores na agricultura paranaense (Santo Antonio da Platina, norte do estado); estudante dedicado, graduou-se em Odontologia pela Universidade Estadual de Ponta Grossa (UEPG); aprovado em concurso público, tornou-se professor do mesmo curso; em sólida carreira, eleito reitor da universidade por três vezes, interrompendo a última gestão para assumir a SETI, onde, igualmente, deixou bela folha de serviços em benefício da Ciência, Tecnologia, Inovação e Ensino Superior. Anteriormente, presidiu, por largo tempo, a Associação Brasileira dos Reitores das Universidades Estaduais e Municipais (ABRUEM), conhecedor profundo do campo universitário do nosso País e do mundo, tendo viajado por diversos países, a serviço do intercâmbio acadêmico. Tive a honra de chefiar o seu gabinete durante essa sua passagem pela SETI (2013-2018).

→ Os problemas sociais do Brasil podem ser compreendidos com o auxílio e interpretação de indicadores sociais. Houve uma evolução positiva desses indicadores na última década, especialmente em relação a aumento da expectativa de vida, queda da mortalidade infantil, acesso a saneamento básico, coleta de lixo e diminuição da taxa de analfabetismo. Apesar da melhora desses índices, há nítidas diferenças regionais, especialmente em relação ao nível de renda. Os problemas sociais ficam claros, sobretudo, com o Índice de Desenvolvimento Humano (IDH), no qual o Brasil, entre 189 nações pelo mundo, fica na 79ª posição, de acordo com dados referentes a 2017 divulgados pelas Nações Unidas no ano seguinte, embora tenha a sétima economia do mundo.

→ *A 89ª cerimônia de entrega dos Academy Awards (ou Oscars 2017) foi uma transmissão televisiva produzida pela Academia de Artes e Ciências Cinematográficas (AMPAS), para premiar os melhores atores, técnicos e filmes de 2016. A cerimônia, realizada em 26 de fevereiro de 2017, aconteceu no Teatro Dolby, em Los Angeles, Califórnia, às 17h30, no horário local. Foram distribuídos prêmios em 24 categorias, e a transmissão ao vivo foi feita pela emissora de televisão estadunidense ABC. A produção ficou por conta de Michael De Luca e Jennifer Todd e foi dirigida por Glenn Weiss. O palco teve desenho cênico de Derek McLane. O anfitrião foi o comediante Jimmy Kimmel.*

ACRÓSTICO DE GRATIDÃO

À **Prof.ª Olinda de Oliveira**, pedagoga do Colégio
Estadual do Paraná, homenagem póstuma

O tempo corre e tanto nos tenta ensinar
L úcidas lições que mexem com nosso jeito de ser!
I nestimável foi para mim conviver com ela
N a flor da adolescência nova, há meio século!
D e seus lábios e de suas mãos recebi
A s dádivas maiores do Cristianismo puro!

D ela ouvi falar de Religiosidade e conheci Divaldo Franco,
E ntão já famoso conferencista, médium de livros valorosos.

O uvi seus conselhos e segui a Doutrina Espírita,
L onge ou perto, firmemente, estivemos sempre juntos,
I n cansável ela a semear o bem a todos...
V enceu o tempo e ei-la voltando ao Grande Lar,
E nvolta na suavidade serena de vitoriosa guerreira,
I nvencível em sua vontade, sempre alegre, otimista!
R endo-me, feliz, aos seus conselhos maternais!
A mor, cultura, trabalho, amizade foram tesouros que dela recebi!

3 de abril de 2017

→ A amizade que nos manteve durante tantos anos iniciou-se no cenário encantador do Colégio Estadual do Paraná. Formada em Pedagogia pela Universidade Tuiuti do Paraná, quantas bonitas lições de vida me propiciou, nos inúmeros diálogos sobre *questões existenciais, filosóficas, religiosas, eu adolescente em busca de mim mesmo! Pelos seus lábios ouvi muitas histórias de vida, orientações, conselhos. Mais tarde, já casado e pai, minha família sempre contou com o seu atendimento cordial, agradável, ela então secretária da Associação dos Servidores do CEP, eu membro da ASCEP, ao longo de mais de 30 anos. Sua vida foi um sacerdócio, sempre socorrendo pessoas, familiares, amigos, a todos ajudando com seu amor solidário. A espiritualidade é traço marcante e inesquecível de sua biografia.*

→ *A religião no Brasil é muito diversificada e caracteriza-se pelo sincretismo. A Constituição prevê a liberdade de religião, e a Igreja e o Estado estão oficialmente separados, sendo o Brasil um Estado laico. A legislação brasileira proíbe qualquer tipo de intolerância, sendo a prática religiosa geralmente livre no País. Segundo o Relatório Internacional de Liberdade Religiosa de 2005, elaborado pelo Departamento de Estado dos Estados Unidos, a "relação geralmente amigável entre religiões contribui para a liberdade religiosa" no Brasil.*

→ *Edson Arantes do Nascimento, mineiro de Três Corações (23 de outubro de 1940), mais conhecido como Pelé, é um ex-futebolista brasileiro que atuava como atacante. Amplamente considerado como um dos maiores atletas de todos os tempos. Em 2000, foi eleito Jogador do Século pela Federação Internacional de História e Estatísticas do Futebol (IFFHS) e foi um dos dois vencedores conjuntos do prêmio Melhor Jogador do Século, da Fifa. Nesse mesmo ano, Pelé foi eleito Atleta do Século pelo Comitê Olímpico Internacional. Segundo a IFFHS, Pelé é o maior goleador da história do futebol, marcando 650 gols em 694 partidas da liga, e no total 1.281 gols em 1.363 jogos, que incluem amistosos não oficiais, um recorde mundial do Guinness. Durante sua carreira, chegou a ser por um período o atleta mais bem pago do mundo.*

PARTIU VALE EUROPEU CATARINENSE!

Eis que em belo dia
Deste fervente verão
Nossa Marilda sempre guia
Nos arranja este *passeião*!

Descendo de Curitiba, província antiga,
Para as terras catarinenses,
Chegamos a um dos lugares que ligam
Brasileiros mui diligentes.

Compra aqui, compra ali,
Bate-papos, novos amigos,
Isso é bom, sem "abacaxis",
Cada um em paz consigo.

Vila Germânica! Uma possessão
Da milenar e grande nação
Que tanto tem feito avançar
A humanidade, a prosperar!

Filosofia! Ciência! Religião!
São da Alemanha tantas parcerias!
Descobertas! Invenções! Inovação!
Muito a agradecer, isso se diria!

Pratos da culinária alemã,

Impossível todos degustar!
Artesanato! Tecnologia do amanhã!
Cervejas mil a nos tentar!

Manancial que produz labor,
Gente loira, azul no olhar,
Trajes da bandeira tricolor
Ambas juntas a tremular!

Caminham firmes para a luz!
Oktober Fest, outubro tem!
Cada povo com sua cruz!
Festa italiana, julho também!

Atividades várias pra fazer,
Música e dança a encantar,
Forasteiros de mais além
Em bom clima a maravilhar!

Ocasião de lembrar Lutero,
Gutemberg, Schiller, Beethoven,
Só coisas boas da herança bela
Que nos fazem muito bem!

Crianças que pulam, cantam, brincam,
Adultos vigilantes a acompanhá-las,
Idosos que não mais se intrigam,
Já sabedoria têm a adorná-los!

Esquecendo as coisas tristes
Que nos prenderam no passado,
Lembramos que no mundo existem

Tantas belezas, e nós extasiados!

Que deste passeio tão bom
Resultem laços de pura alegria
A fortalecer os nossos dons
Em amor fraterno, em sintonia!

Mas o que dizer de Pomerode?
Outro maravilhoso rincão!
Seria motivo de outras odes,
Rimas, versos, canção!

Outras grandiosas comilanças,
Passeios, desafios, aquisições,
Novas e gratas lembranças
A alegrar nossos corações!

Agradecemos à nossa *guiatur*,
À Professora Marilda gratidão,
O alegre passeio ao Vale Europeu!
Recordar faz bem ao coração!

Renovados de energia,
Caminhamos para a frente!
Revigorados, com alegria,
Felizes, mui contentes!

→ *4 e 5 de março de 2017, fim de semana, composto sob as emoções de viagem turística por ônibus da Princesa dos Campos, de Curitiba a Blumenau e Pomerode (SC), sob a coordenação cativante da* **professora Marilda Luzia Tartas**, *sempre reunindo pessoas em amizade, alegrias, cultura, diversão, fraternidade. Santa Catarina tem muitos encantos naturais e históricos, sobretudo* *nas regiões de cultura alemã, onde são preservados costumes e festividades oriundos das tradições germânicas. Terra natal querida dos meus pais: Saturnino Venerável Maia, de Jaraguá do Sul, no litoral; Lídia Honorio Maia, de Anitápolis, na serra.*

→ *1º de janeiro de 2017: no Brasil, surto de febre amarela, com centenas de mortes nas regiões Sudeste, Centro-Oeste e Norte.*

→ *21 de agosto de 2017: primeiro eclipse solar total do século 21 na América do Norte e que pôde ser visto também na América Central e norte da América do Sul.*

PARTIU MATA ATLÂNTICA DO LITORAL!
(CRÔNICA PARANAENSE EM QUASE-POEMA)

Ora, quem diria, uma fazenda-hotel
Em plena Mata Atlântica do Litoral do Paraná,
Plantada entre o planalto de Curitiba
E o gigante Atlântico que forma nossas praias!
O encontro na casa da *guiatur* –
A dinâmica Marilda, professora sempre ativa
Em seu esforço e atuação inovadores!
Pela Princesa dos Campos, o Adilson na boleia,
Ônibus bonito e confortável,
Descemos à Serra do Mar, em alegre manhã!
No caminho, a oração indispensável, alçando ao Criador
Os corações sequiosos de emoções enobrecedoras,
De renovação, de novas e preciosas lições de vida!
Um lanche para acumular energias:
Música, papos, conversa amena, às vezes eloquente;
Velhos companheiros, novos amigos,
Em plena alegria que a pouco e pouco se faz,
Represado entusiasmo e ares juvenis!
Vencida a bela BR-277,
A rodovia Alexandra – Matinhos.
Em seguida, nova estrada, estreita, rural,
Circundada de mata virgem, passarada,
De repente, imponente edificação:

O Mata Atlântica Park Hotel!
Belos jardins, gramados, flores,
Piscinas, canchas esportivas, trilhas,
Um oásis no verde imenso!
Recepção. Acomodações. Tudo em ordem!
Apetitoso almoço em ambiente aconchegante.
Repouso. E começa novo capítulo!
Piscinas, caminhadas, esportes, jogos.
Conversas que vão e vêm.
Atualização de repertórios. Sorrisos largos.
Esperanças e amizades novas.
Hidromassagem externa. Toca da Onça.
Casa de Tarzan, entre galhos e troncos.
Dia divertido e agradavelmente exaustivo.
Noite de dança e música para uns.
Para outros, repouso inadiável.
Novo dia!
O café da manhã, saboroso e diversificado,
Para fazermos a trilha que dá na Cascata da Onça!
Em ritmo de aventura, saímos com o *guiatur*.
Longa fila indiana.
Sobe e desce em estreito caminho, árvores, flores,
Riachos, pássaros, ruídos da floresta,
Placas revelando lugares, espécimes vegetais,
Enfim, a queda d'água em paredão de rocha!
Límpido, entre pedras, corre o líquido precioso
Que bebemos avidamente,
Coisa impossível nas cidades atuais!
Retornando, com mais vagar,
Contemplamos, serenos, a Mãe-Natureza...
Pequenos grupos, à frente o *guiatur*,
De inopino, surpresa que atemoriza e encanta:

Uma cobra coral!
Em suas mãos, o *guiatur* a exibe ao público apreensivo,
O que rapidamente pede muitas fotos!
Enfim, de retorno, repouso, almoço
E logo mais o preparo das bagagens:
Hora de retornar à *city*, antiga modelo...
Antes, porém, histórica igreja do século dezessete,
Ambiente inspirador,
O ar colonial, a escravidão,
A colina, vencida em escadaria de pedra e limo.
Para outros de nós, passeios a cavalo,
Repetidas vezes...
O velho moinho, a maquinaria de uma época,
Sinais de ascensão e declínio da sociedade rural,
Da fase colonial brasileira.
No alto, de outro lado, incrustrada na mata,
A casa dos fazendeiros...
Para nós, curiosidade e mistérios!
O lago, os peixes, os aventureiros pescadores!
O pesque-pague turístico:
Pescar, sim; levar, não!
Depressa voltam os peixes à água –
Tilápias, bagres, lambaris...
E fotos, muitas fotos,
Junto de cabras, bodes, cavalos, coelhos...
Tonel outrora certamente bem ativo,
Agora morada dos simpáticos roedores!
De tudo, restaram velhos amigos
Em memorável reencontro,
Novos amigos, novos saberes,
Novos papos, novos interesses quiçá,
Sempre novo passeio

Em novo tempo
E novas emoções!
Renovados, reenergizados, regressamos.
Até novo *partiu*!
Abraços, beijos, sonhos, promessas,
Para novas aventuras
Em ainda incertas datas futuras
Que a nossa entusiasta e criativa *guiatur*
Por certo estará a planejar!

5 e 6 de agosto de 2017

→ *Eis que nosso litoral paranaense, com suas riquezas naturais, nos brinda também com alguns equipamentos turísticos singulares, como a pousada situada no início da Rodovia Alexandra-Matinhos. Foram dois dias de renovação de energias, alegrias, confraternização, passeios na mata, meditação!*

→ *5 de maio de 2017: é lançado o satélite geoestacionário brasileiro SGDC-1, na base de Kourou, na Guiana Francesa. Lançamento realizado pela empresa Arianespace, por meio do foguete Ariane 5.*

→ *24 de setembro de 2017: Angela Merkel conquista seu quarto mandato na eleição federal alemã de 2017.*

SER PAI

Ser Pai
É às vezes
Como ser Mãe,
Em diferente matiz.

Ser Pai
É acolher na razão
E no coração
Os filhos biológicos.

Ser Pai
É também dar carinho
Aos filhos d'alma
Ao longo do caminho.

Ser Pai
É manter o ar juvenil
Nas brincadeiras do dia
De todas as estações.

Ser Pai
É mais silenciar queixas
Que cobrar ações
Que o tempo resolverá.

Ser Pai
É saber esperar
O fruto e a sombra
Da árvore amiga.

Ser Pai
É perdoar traquinices
Que dão experiências
E luz na jornada.

Ser Pai
É mostrar o certo,
O caminho reto,
As puras verdades.

Ser Pai
É dar limites
No turbilhão hormonal
Dos adolescentes.

Ser Pai
É ser amigo leal,
Companheiro das horas,
Irmão fraternal.

Ser Pai
É estar sempre ativo
Durante o processo
Do eterno crescer.

Ser Pai
É valorizar exemplos
Da Família e da História
No cenário do lar.

Ser Pai
É estar aberto

Às inovações
Da Ciência do Bem.

Ser Pai
É seguir ao lado,
Traçando metas,
Em eterna procura.

Ser Pai
É buscar em Deus
Recursos e forças
Para a divina missão.

Ser Pai
É quase ser Mãe,
Em perene disposição
De amar e servir.

13 de agosto de 2017 — Dia dos Pais

- → As naturais emoções da paternidade, como da maternidade. As tiradas filosóficas, os conselhos, as apreciações, enfim, homenagem aos filhos e aos netos — doces companheiros de viagem no rico cenário familiar!

- → Juízes pagam faculdade para faxineiro, e ele se forma em Direito. Agora ele faz pós-graduação na famosa Universidade do Estado de São Paulo (USP). Foi em Contagem, Minas Gerais.

- → Atrizes em início de carreira, assediadas por um dos poderosos chefões do cinema, denunciam. Na internet, a busca pela palavra feminicídio disparou.

UNIOESTE 45

Homenagem à Universidade Estadual do Oeste do Paraná, pelo transcurso do seu 45º aniversário de fundação.

O que se pode dizer de uma Universidade
Que chega à maturidade?
Que ela formou muitas gerações.
Fez história.
Está inscrita no pavilhão do conhecimento,
Saiu do ventre (Cascavel, 1972),
Venceu a primeira infância,
A segunda, chegou à adolescência,
Tornou-se adulta e prosseguiu.
Está hoje a caminho de meio século.
Com a diferença de que, quanto mais avança,
Mais se torna robusta, ativa, forte!
De início sob forte influência italiana,
Conquistou os germanos.
Logo mais, gente de todo lugar:
Imigrantes estrangeiros,
Migrantes brasileiros...
Cascavel, Toledo, Foz do Iguaçu,
Marechal Cândido Rondon, Francisco Beltrão...
O Ensino, a Pesquisa, a Extensão...
A boa e eficiente gestão,
A biblioteca, as bolsas,
O calendário acadêmico,
Os indígenas com a CUIA,

A riqueza estatística,
O ENADE, a EaD,
Os estágios, as bolsas,
O vestiba concorrido,
Dentro da legislação,
A mobilidade acadêmica,
As monitorias,
As monografias, os TCCs,
O PET e o PIBID...
A graduação, a iniciação,
A pós e suas nuanças:
Especialização, mestrado,
Doutorado, pós-doutorado,
Tudo dentro de uma ampla estrutura:
Reitoria, pró-reitorias, diretorias,
Divisões, departamentos, coordenações.
A pesquisa, a iniciação científica,
As especializações (*lato sensu*),
Os mestrados (*stricto sensu*)...
Os programas, projetos, ações,
Convênios, intercâmbios...
A ética com seres humanos e animais,
A inovação tecnológica,
A propriedade intelectual,
Os projetos tecnológicos...
Mais de noventa municípios,
O oeste e o sudoeste paranaenses!
O reconhecimento do MEC em 1994,
Em 2000 o vetusto Hospital Regional,
Agora Hospital Universitário do Oeste!
A missão: produzir, sistematizar, socializar
Conhecimentos, saberes;

Para o desenvolvimento humano,
Científico, tecnológico, regional!
Baseados na justiça, democracia, cidadania
responsabilidade social.
Universidade pública e gratuita,
Para estudantes do Paraná, do Brasil,
Do planeta Terra!
De um sistema robusto, que é o paranaense,
É a quarta universidade,
Formando profissionais comprometidos
Com o progresso, a ciência, a sociedade,
Exportando talentos,
Abrindo clareiras, trilhas, caminhos,
Portas, janelas, subindo rampas,
Escalando montanhas,
Descortinando vastas planícies
E verdes campos...
Ultrapassou a idade dos lobos,
Logo mais cinquentenária...
É a Universidade Estadual do Oeste
Do Paraná!
Com alegria, entusiasmo e esperança
Nós te saudamos, UNIOESTE, aos 45!

16 de agosto de 2017

→ *Universidade Estadual do Oeste do Paraná, a UNIOESTE é das mais antigas do Sistema Estadual de Ciência, Tecnologia e Ensino Superior, possuindo campi no Oeste do estado, instituição altamente conceituada, responsável pelo desenvolvimento de polos regionais que se destacam na economia regional e estadual. Convivemos intensamente com seus magníficos reitores,* vice-reitores, coordenadores, professores, no período de 2011 a 2018, quando eu me encontrava na chefia do Gabinete da SETI. Particularmente, o então reitor, Prof. Dr. Paulo Sérgio Wolff (Cascá), trouxe-me a demanda tão agradável: "Você vai fazer um poema para a UNIOESTE? É aniversário da universidade!" Com todo o prazer, esboçamos esses versos!

→ É realizada uma greve nacional contra cortes em benefícios da seguridade social e mudanças nas leis trabalhistas, pelo governo Michel Temer (28 de agosto).

→ Governo sírio é acusado do uso de arma química (gás sarin) em um ataque que culminou em mais de 80 mortes.

PROTAGONISTAS DA MATURIDADE

*Pelo **Dia Nacional da Pessoa Idosa no Brasil, 27 de setembro**.*
*Pelo **Dia Internacional da Pessoa Idosa, 1º de outubro**.*
Ao Conselho Estadual dos Direitos da Pessoa Idosa (CEDI/PR).
Às Universidades Abertas da Terceira Idade do Estado do Paraná (UNATIS).
Às Instituições Cuidadoras das Pessoas Idosas.
Homenagem especial ao professor Pierre Vellas, *fundador da primeira Universidade da Terceira Idade, em 1973, na França, e criador da Associação Internacional de Universidades da Terceira Idade.*
A todos os presentes e a todos os ausentes.

Neste cenário galopante
De transformações mil,
Tantas coisas interessantes
Ocorrem no mundo, no Brasil!

Pessoas Idosas – pais, mães, avós –
Trabalhando mui arduamente,
No lar ampliado ainda é a voz
A comandar tanta gente!

Se aposentados, trabalho duro,
Para si próprios e todos os seus,
Luz inspiradora em quarto escuro,
Não se acovardam, graças a Deus!

Em alguns lugares rejeitados,
Tristes, enfermos, esquecidos,
Seguem marcha vil, explorados,
Sob mágoas, incompreendidos.

Muitos deles seguem valentes,
Austeros, firmes, qual rochedo,
Vencendo dramas e torrentes,
Sombras, dores, perigos, medos!

Dirigem veículos, grandes, pequenos,
Com disciplina, domínio de si,
Não temem ou fazem menos,
Exemplos vivos que vemos por aí.

Voluntários em projeto social,
Dignificando causas nobres,
Superam barreiras, vencem o mal,
Fortalecendo irmãos mais pobres!

Outras vezes, sujeitos de tais ações,
Essas abnegadas pessoas
Superam traumas, desolações!
Suas vozes do alto ecoam!

Ouvem rádio, leem jornal, veem tv,
Acompanham os acontecimentos,
Estão a par de todos os porquês,
Vivem alegrias e sofrimentos!

Computador, celular, tecnologia,

Usam com intensidade,
Nas horas sérias e de alegrias
O zap-zap lhes traz felicidade!

Outros há que do lar se afastaram...
Longos anos de amargas provas...
Hoje qual filho pródigo retornaram
Ao grupo familiar – situação nova!

Há os que cantam, dançam, escrevem,
Fazendo do tempo eterna sinfonia,
Praticam esportes diversos, correm!
Parques, cães, gatos, alegrias!

E os que padecem na fila da saúde
Aguardando atendimento, aflitos?
Quantos silenciam em ocasião rude
Diante da ignorância e de conflitos!

Felizmente temos hoje o Estatuto,
Preciosa conquista dos direitos do ser,
Do esforço geral, sendo ele fruto,
Nos ensina – tempo de amadurecer!

Sujeitos de direitos – eis aqui
O núcleo central a preservar!
Está na Lei – não há como fugir!
Vamos como tais nos comportar!

Foco de estudos, pesquisas,
Gerontologia e campos afins,
As Pessoas Idosas, ativas,

Atuam em todos os confins!

Vivamos todas as idades,
No processo severo da evolução,
Demonstrando maturidade
Com amor, trabalho, oração!

No mundo globalizado,
Protagonistas em trajetória,
Pessoas Idosas mobilizadas
Fazem hoje a sua história!

27 de setembro de 2017

- → *Poema apresentado no Seminário de Valorização da Pessoa Idosa, promovido pela Secretaria de Estado da Família e Desenvolvimento Social/Conselho Estadual dos Direitos da Pessoa Idosa/Conselho Municipal da Pessoa Idosa de Curitiba/Paranaprevidência/Governo do Estado do Paraná, em 29 de setembro de 2017, às 13h30, no Canal da Música, Rua Júlio Perneta, 695, em Curitiba. O autor é contagiado pelo movimento das políticas públicas destinadas às pessoas idosas, estando representante da SETI no Conselho Estadual da Pessoa Idosa (CEDI/PR). Os eventos são constantes, produzindo manifestações como essa.*

- → *3 de fevereiro de 2017: morreu, aos 66 anos, vítima de AVC, no Hospital Sírio-Libanês, em São Paulo, a ex-primeira-dama do Brasil, Marisa Letícia Lula da Silva.*

- → *Manifestações na Catalunha, região espanhola, pela sua independência. União Europeia reage e diz ser problema interno que a Espanha tem competência para resolver.*

UM CASAMENTO À HOLLYWOOD

Ao casal Eduardo e Patrícia, 25 de novembro de 2017, sábado, 11h30, Espaço Villa dei Nonni, Colombo, Paraná.

Só no cinema e na tv vimos igual:
O casamento do Eduardo e da Patrícia!
Sábado de calor fenomenal!
Villa dei Nonni, da Uva a rodovia!

Colombo, região metropolitana,
Curitiba, do Paraná a capital!
A nós convidados, muitas semanas
De preparo, cuidados, porque, afinal,

É casamento de cunho ímpar!
Tanta gente, corações reunidos,
Grandiosa festa em clima familiar!
As estrelas terão também contribuído.

Pessoas de traje a rigor, recepção austera,
Casais, crianças, jovens, belos jardins,
Cabelos multicores sem idade, era
Colossal multidão como não se via assim!

Reencontros, novas apresentações,
Diálogos, conversas, crianças em correria.
A esperada cerimônia, corações
Emocionados, lágrimas de alegria!

A grande assembleia colorida,
Atenta a tudo que já se faz.
Formidáveis lições de vida
Do impoluto e marcante juiz de paz!

Edu e Pati ali, no firme juramento
De amor perene, fidelidade,
Em inesquecíveis pensamentos
Ditos sob intensa felicidade!

Drones, guarda-sóis de tantas cores,
Formoso mosaico visto de cima,
Quais belas e perfumadas flores
Em harmonioso quadro às nossas retinas!

E as profundas falas dos enamorados,
A nos encantarem com surpresas?
Tantos os corações emocionados
A permitirem lágrimas indefesas!

O almoço a reunir os grupos vários,
Em sintonia definida, outros afins,
Saborosos pratos, bonito cenário,
No amplo salão do grande jardim!

A dança dos noivos – cativante!
Espetáculo primoroso, inspirador,
A incitar outros tantos dançantes
Em ritmo de suaves alegrias e amor!

Doces e bebidas deliciosos

Durante horas de gratas emoções!
Momentos houve mais atenciosos,
Na ternura da amizade nos corações!

Brincadeiras, desafios, todas as idades
Em união – agradável envolvimento!
Demonstrando a felicidade
Dos convidados tão bem atentos!

Uma inovação atual – caricaturas!
Exímio artista retratando as pessoas,
Dando a cada um traços de pintura,
Charmosos uns, hilários outros – não à toa!

Flashes, vídeos, fotos, sons, imagens,
Registros para guardar, rememorar,
A muitos de nós, reviver passagens
Do nosso casamento – união a preservar!

Que pensar após a festa inesquecível,
Senão mantê-la nos refolhos da alma,
Desejando ao Edu e à Pati indizível
Felicidade, amor, luz e calma?

E nos dias que correm quanto é raro
Ver-se casais em plena sintonia,
Almejamo-la a eles: sejam sempre claros
Em seus sonhos, projetos, noite e dia!

Em nome dos seus amigos e familiares
Somos gratos pela festa tão linda,
Nossos votos de perenes ares

De trabalho no bem, alegrias infindas!

Caminhem juntos, tracem seus planos
A dois, na cumplicidade mais sã.
O labor – energia ao longo dos anos
A guiar vocês cada nova manhã!

Tenham sempre uma fé racional
A bem orientá-los na caminhada.
A espiritualidade é fundamental
Nas pequenas e grandes empreitadas!

Finalmente, que o momento de Hollywood
Lhes seja sempre valiosos tronco e raízes!
A motivá-los para as grandes virtudes –
Único jeito de serem sempre felizes!

Seu pai e sogro,
José Maia.

25 de novembro de 2017

→ O casamento do nosso filho caçula, Eduardo, com a Patrícia, foi certamente acontecimento de grandes emoções em nossas famílias. Busquei retratá-las. Festa que uniu famílias, aproximou pessoas, em clima de alegria, confraternização. As falas do juiz de paz e do pastor cativaram as atenções, propiciando renovação de propósitos para muitos de nós. Em nossa família, jamais tivemos um casamento assim. O poema, por si, explica-se. Tão encantados ficamos, eu e meus familiares mais próximos, que parecia mágico o acontecimento. Estávamos todos, naquela manhã, como atores de um filme hollywoodiano. Impossível não *registrar e decantar a quatro ventos. Hoje, eles já têm o Lorenzo, que igualmente veio enriquecer ainda mais estas Memórias Cinquentenárias como nosso sétimo neto.*

→ *10 de novembro de 2017: o ator brasileiro Hugo Bonemer preparava-se para gravar mais uma cena da série Natália, do Universal Channel, quando prestou atenção no colega de elenco, Cláudio Lins. "Ele estava de olhos fechados, batucando na perna, completamente alheio ao que passava ao redor. Quando perguntei o que estava fazendo, Cláudio disse que estava compondo canções para um musical. 'E é a sua cara, você devia participar da audição', ele completou, me deixando atordoado". De fato, Lins dava mais um arremate em uma das letras que comporiam Ayrton Senna, o Musical, que estreou nessa data, no Teatro Riachuelo, no Rio de Janeiro. E com Hugo Bonemer no papel principal. Também por essa época Ayrton Senna foi homenageado nos telões espalhados pelo Circuito de Monte Carlo, na Itália. Sua morte, assim como o funeral e velório, provocou uma das maiores comoções da história do Brasil, bem como repercussão mundial. Em pesquisas feitas com jornalistas especializados, pilotos e torcedores, é considerado o melhor piloto da história da Fórmula 1. Em 1999, foi eleito pela revista Isto É o esportista do século 20 no Brasil. No auge de sua carreira, era considerado o maior ídolo brasileiro, posto que mantém, mesmo depois de duas décadas de sua morte. Além das corridas de carros, Senna dedicava-se a jet skis, motos, aeromodelos e principalmente helicópteros. Ele também administrava diversas marcas e empreendimentos, além de ter patrocinado vários programas de assistência filantrópica, principalmente os ligados a crianças carentes. Depois da morte de Senna, sua irmã, Viviane Senna, fundou o Instituto Ayrton Senna, uma organização não governamental que oferece oportunidades de desenvolvimento humano a crianças e jovens de baixa renda. Além disso, o personagem Senninha foi criado com a intenção de atingir o público infantil com os ideais do piloto, como a superação, a dedicação e o gosto pela vitória. Ayrton Senna da Silva, considerado herói brasileiro, cuja memória é cultivada no mundo inteiro, nascido em São Paulo, 21 de março de 1960 e falecido em Bolonha, Itália, no dia 1º de maio de 1994, piloto de Fórmula 1, campeão da categoria três vezes, em 1988, 1990 e 1991.*

ANOITECER DE ESPERANÇAS

No silêncio me recolho
Ao anoitecer...
Quanto a rememorar,
A agradecer!
Mas também recomeçar
Outra vez...
Momento alegre, solene!
Em clima festivo eles chegaram...
Sim, familiares e amigos amados
Há tanto esperados!
Trazem o sorriso,
O reconforto,
A esperança,
A consolação,
O reconhecimento, a explicação,
o entendimento...
Às vezes, algumas críticas,
Algum perdão,
Importa que vieram,
Que me trouxeram
Um doce alento,
Um bom pensamento...
Por isso, já estou feliz!
As dores se amenizam,
Os males são passageiros
E mais se consolidam
As boas lembranças,

Doces remédios d'alma...
Bolos, salgados, cafés, chás,
Cappuccinos – tudo delicioso!
E com este belo farnel
O alimento emocional,
As energias que permanecem
Por longo tempo
Em acalentada
Digestão espiritual.
Quando retornam
Para seus labores
E lutas naturais,
Deixam o perfume
Que m'embala
Por largo tempo...
O tempo que tudo cura,
Preenche,
Ensina,
Conduz!
Assim foi o 1º Café Colonial
Do Nosso Lar – abrigo de luz
Que me acolhe
Neste amainado anoitecer,
Cujo termo há de acenar
Com novo e esperançoso
Alvorecer,
Sob as leis imutáveis de Deus –
O Sábio e Bom Eterno Criador,
Que a tudo e a todos
Ampara
Com inexcedível amor!

20 de maio de 2018

→ Domingo, 15 h às 17 h. Nosso Lar – Comunidade da Pessoa Idosa realiza seu 1º Café Colonial, em Antonio Prado, município de Almirante Tamandaré, divisa com Colombo. Irmãos nossos, homens e mulheres, a maioria de cabelos nevados, vivem experiências marcantes, sob cuidados de equipe técnica profissional da Medicina, Enfermagem, Psicologia, Pedagogia, Direito, além de Cuidadoras. Este autor, naquele ano, representou o Serviço Social. A instituição conceituada há mais de 30 anos realiza essa nobilitante atividade de assistência às pessoas idosas. Nascida pela união de esforços de muitos abnegados idealistas, entre os quais me permito citar o Dr. Nadil Furlan, advogado e cartorário, e seu irmão, o Dr. Laércio Furlan, médico e professor da UFPR. A instituição-mãe de Nosso Lar, Comunhão Espírita Cristã de Curitiba, situada no Hauer, mantém também o Colégio Sebastião Paraná, oferecendo ensino básico gratuito à infância e à adolescência curitibanas.

→ Caminhoneiros entram em greve nacional durante cinco dias seguidos. Os motoristas protestam contra o aumento do preço dos combustíveis, reivindicam o fim da cobrança e do pedágio por eixo suspenso e o fim do PIS/COFINS sobre o diesel. Momento de tensão nacional, de crise severa no setor de transporte rodoviário, dada sua importância para a economia brasileira.

→ YouTube é uma plataforma de compartilhamento de vídeos com sede em San Bruno, Califórnia. O serviço foi criado por três ex-funcionários do PayPal — Chad Hurley, Steve Chen e Jawed Karim — em fevereiro de 2005. A Google comprou o site em novembro de 2006 por US$ 1,65 bilhão; desde então o YouTube funciona como uma das subsidiárias da Google. A revista norte-americana Time (edição de 13 de novembro de 2006) elegeu o YouTube a melhor invenção do ano por, entre outros motivos, "criar uma nova forma para milhões de pessoas se entreterem, se educarem e se chocarem de uma maneira como nunca foi vista". Em 2010, no aniversário de cinco anos do YouTube, foi divulgado que até então o site não havia sido lucrativo para os seus proprietários. [Achei por bem homenagear o YouTube neste espaço lítero-democrático. Por isso este destaque.]

TESOURO D'ALMA

*Ao Dr. **Celso Kotzias**, advogado, que em sua brilhante carreira nas lides jurídicas amealhou certamente vasto e rico tesouro — os seus amigos de jornada! Lembranças do Colégio Estadual do Paraná (CEP), da Legião Brasileira de Assistência (LBA), da Procuradoria-Geral do Estado do Paraná (PGE), da Secretaria de Estado da Ciência, Tecnologia e Ensino Superior (SETI)... Por ocasião do início do seu processo de aposentadoria do serviço público estadual do Paraná, com vistas a novos horizontes azuis que se lhe delinearão.*

Dentre os amores verdadeiros
Que construímos na trajetória,
Destaquemos como luzeiro
A Amizade, gerando vitórias!

Na família, na vizinhança
Na escola, no clube, no trabalho,
Nasce muitas vezes na infância!
Nobre sentimento! Rico agasalho!

Ágape, Phileu, Eros –
Eis suas colossais dimensões
A nos apontar dias belos!

Guardemos assim a Amizade,
Este tesouro em nossos corações
A viger pela Eternidade!

31 de outubro de 2018

- → *Motivação para dedicar um poema à Amizade: nessa data, um seleto grupo de colegas de trabalho tivemos um jantar na residência do amigo Luiz Cézar Kawano, coordenador do Fundo Paraná de Ciência e Tecnologia, no bairro Água Verde, com foco na iminente aposentadoria do companheiro Dr. Celso Kotzias, coordenador jurídico da Secretaria de Estado da Ciência, Tecnologia e Ensino Superior (SETI), competente advogado do quadro da Procuradoria-Geral do Estado do Paraná.*

- → *A eleição presidencial de 2018 no Brasil foi realizada em dois turnos. O primeiro aconteceu em 7 de outubro de 2018, e o segundo em 28 de outubro de 2018, ambos em domingos. Foi a oitava eleição presidencial do País após a promulgação da Constituição federal de 1988. Disputada entre Fernando Haddad (PT) e Jair Bolsonaro (PSL), que se saiu como o vencedor. O candidato e seu vice foram empossados em 1º de janeiro de 2019, para um mandato de quatro anos.*

- → *Raio que atingiu Brasil em 2018 é o maior já registrado no mundo. O relâmpago cortou o céu em mais de 700 km. Outro recorde vai para a Argentina, com o raio mais duradouro — foram 16,73 segundos em um único flash (Revista Galileu).*

HISTORIADOR

> **Ao Professor Ernani Costa Straube**, por ocasião do lançamento, em parceria com seu filho **Fernando Costa Straube**, de seu mais recente filho de papel —, ainda que em modo digital —, **"o Naturalista Gustav Straube"**, ilustre imigrante alemão, tronco original da Família, que aportou em terras brasileiras há 168 anos.

Eis que em mar bravio arguto marujo desponta
A perscrutar, pesquisar, indagar, buscar
Respostas da História para ele, que as conta
Aos seus contemporâneos ávidos a escutar.

As suas pacientes leituras e estudos profundos
Nos livros, bibliotecas, vozes, imagens
Que explicam fatos, motivos, razões, mundos,
Costumes, culturas, perfis, biografias, paisagens...

É o culto Historiador desbravando selvas densas,
Interpretando aos seus coetâneos passados distantes,
Trazendo a luz do saber em aventuras imensas!

Salve, pois, operoso e digno Professor
Que em seu esforço continuado, incessante,
Lega ao Paraná mais uma obra de grande valor!

27 de setembro de 2019

- O ilustre homenageado, em outros tópicos destes Reflexos, meu padrinho de casamento, chefe nas lides profissionais, chefe escoteiro, prossegue, do alto dos seus mais de 90 janeiros, dando exemplos de vida, ao lançar seu enésimo livro. Amizade de 53 anos a me enriquecer no tempo!

- Fogo no Pantanal: após queimar 22% de sua área no Brasil, as chamas estão atingindo a Bolívia. Segundo dados da Fundação Amigos da Natureza, ONG que atua no País vizinho, é comum a ocorrência de incêndios fronteiriços e, em média, de cada dez registros na fronteira entre os dois países, sete começam com queimadas no lado brasileiro. Muito triste!

- Leite de camelo, o "ouro branco da África". Estimativas dão conta de que a indústria de leite de camelo já movimenta mais de 10 bilhões de dólares anuais.

SAUDAÇÃO AO I ENCONTRO PARANAENSE DAS UNATIS (I EUTI)

3 a 5 de setembro de 2019,
Praia de Leste/Associação Banestado,
município de Pontal do Paraná.

Do alto da cátedra
A Universidade
Desce ao humano ser,
Buscando elevá-lo a plano superior
De entendimento, compreensão, amor!
Ilumina-lhe a mente,
Dulcifica-lhe o sentimento,
Ergue-o do plano horizontal
Para a evolução vertical!
Elege a UNATI como bandeira,
Fraternidade, integração,
Traço de luz libertadora!
Onde antes reinava desconhecimento,
Dor, abandono, solidão!
Bendito programa enriquecedor
Que promove o humano ser
Na escala psicológica, cultural, espiritual
E torna a família feliz,
A sociedade mais iluminada
E aproxima do céu a Terra!
Bendita
A Universidade Aberta da Terceira Idade,

UNATI feita com amor
Que nos envolve intensamente
E em nós opera transformações
Cognitivas, afetivas
E nos propicia sabedoria
Para mais suave caminhar!
Nossa gratidão a Deus,
A todos que fazem a UNATI,
Pela valiosa contribuição
Rumo às estrelas
Que nos aguardam
No caminho da Perfeição!

3 a 5 de setembro de 2019

- → *Participar, ainda que indiretamente e não de forma tão assídua quanto desejaria, do movimento das Universidades Abertas da Pessoa Idosa (ou da Terceira Idade ou da Maturidade; a nomenclatura está passando por mudanças, atualmente) tem sido gratificante lição de vida, pelas amizades novas que então se fazem, lançando raízes nas relações humanas, duradouras e cativantes.*

- → *As milícias brasileiras são formadas por policiais civis e militares e outros oficiais altamente violentos, que cometem crimes com total impunidade, ocupando áreas abandonadas pelo Estado.*

- → *Israel enviará missões para combater incêndios na Amazônia. Decisão foi tomada por Netanyahu após conversar com Bolsonaro.*

ENCONTRO FRATERNAL DA SUPER SETI 2019

Na urgente transição que se impôs
Novos atores surgiram – são vários –,
Exigindo integração... Necessário, pois,
Que se reúna o pessoal para novo cenário!

O grupo de trabalho, para ser eficaz,
Requer participação, diálogo, fraternidade,
No embate do dia a dia é que se faz
A construção de conexões, as amizades!

Urgia estarmos juntos, em sintonia.
Em *happy hour*, confraternização alegre,
Para expandirmos nossas energias
Em clima descontraído, muda prece.

Assim, sob a batuta do Prof. Aldo Bona, Superintendente,
No dinamismo do Prof. Elisandro, de Ensino Superior Coordenador,
Deu-se o nosso primeiro e sadio encontro... surpreendente!
Reunindo-nos em clima de operoso calor,

Embora a noite fria de Curitiba,
Aquecidos, porém, sob churrasco apetitoso,
Conversa fora, música festiva,
Crianças em algaravia – tudo mais gostoso!

A Super Seti, agora Superintendência,
Prossegue sua relevante missão:

O Ensino Superior, a Tecnologia, a Ciência
Apontando rumos ao Estado e à Nação!

Nesse esforço cooperativo e integrador,
Propiciando a todos da Seti Paraná
Semeadura farta, sob o intenso calor
do conhecimento novo que surge e se refaz!

Servidores, comissionados, estagiários – colaboradores
Todos, equipe unida que todos somos
Comprometidos com a evolução, em intensos labores,
Em prol do mundo melhor que desejamos!

Enfim, entre sorrisos, alegrias, conversações,
Foi o primeiro encontro de confraternização.
Unidos no trabalho ativo, em dinâmicas ações,
Esperamos agora nova e breve convocação!

Encontro de almas voltadas ao Bem –
Professores, técnicos, administrativos, apoio operacional,
Na engrenagem adequada não falta ninguém
Para o grande desiderato, o produto final

Que é o fomento ao saber, na Universidade,
No Parque Tecnológico, nos fóruns, colegiados,
Nos vários segmentos da comunidade,
Para os quais estamos todos voltados

Em nossas profissões, trabalhos, ocupação,
Segundo as leis e normas da Mãe-Terra,
Ocupando nossos sentimentos e razão
Em atividade constante – força motriz das eras

Que assinalam a humana e evolutiva razão!
Eis, portanto, o motivo do nosso jantar:
Encontro feliz da equipe que, em confraternização,
Busca a amizade e o grupo de trabalho valorizar!

> Curitiba, Espaço de Convivência da Secretaria de Estado da Saúde, Central de Apoio Jardim Botânico, 26 de julho de 2019, sexta-feira, 18h.

> Professores Aldo, Elisandro, Jonathan, Michel, Luciana, Pelegrina, Mascarenhas, Sandra, Silvio, Irvana, Lilian, Gustavo, Mariane, Isabel, Dineia, Valdirene, Paulão, Cristiane Claudino e família, Paulo Parreira, Kawano e equipe da UGF, Hellen, Betinha, Eloiza, Lucas e familiares

→ *Novo tempo, nova gestão, novo governo, novas formas institucionais. A Seti recebeu a denominação de Superintendência-Geral de Ciência, Tecnologia e Ensino Superior a partir de 2019, com a reforma estrutural do Governo do Estado, estando governador Carlos Massa Ratinho Júnior, permanecendo as atribuições que já desenvolvia.*

→ *Amazônia: um País que mata sua floresta, mata sua alma. Mas, no século 21, um País que mata sua floresta também mata seu interesse nacional.*

→ *Por que devemos recordar os anos da República de Weimar? A história nunca se repete seguindo o mesmo roteiro. Será que nossa situação atual se parece àqueles turbulentos anos 1930 na Alemanha?*

VITORIOSO CAMINHANTE!

Saudação ao
Professor Ernani Costa Straube,
na comemoração dos seus 90 janeiros
— riquíssima jornada de lições e vida!
Aos seus **filhos, Isabela, Guilherme e Fernando**; aos seus **netos, Giulia, Lucas, Bernardo e Yago**; às suas **cunhadas, Elsi e Maria Cristina; aos demais familiares e aos amigos do nosso ilustre homenageado**.

"Por mares" de há muito "navegados",
Nosso Mestre chega aos noventa!
Vitória ímpar nestes dias agitados
De tão grandes conquistas, luzes, crenças!

Farol, referência, porto seguro!
Tesouros que ele sempre valorizou:
Família, Amigos – visão de futuro! –,
Discursos, pesquisas, livros que lançou!

Bandeiras, símbolos, genealogia,
Histórias pátrias, artigos, viagens –
Saberes valiosos para o dia a dia...

No epicentro desse rico turbilhão,
O Professor, o Mestre, o Guia de passagem,
A enriquecer cada um de nós – seus irmãos!

Parabéns pelos seus 90 anos, querido Mestre Prof. Ernani!

Muito obrigado, senhoras e senhores!

José Maia

(seu ex-aluno, funcionário, escoteiro, afilhado de casamento).

Em Curitiba, 27 de janeiro de 2019, no Salão de Festas Adulto do Edifício SET Cabral, Rua Chichorro Júnior, 371.

→ *Atingir 90 janeiros é mais uma vitória do querido Mestre e amigo. Na festa familiar, alegrias contagiantes: filhos, netos, parentes, amigos e todos que temos a felicidade de tê-lo como companheiro de jornada. Historiador, pesquisador, colecionador (a mais completa coleção de selos escoteiros de que se tem notícia), genealogista, heraldista... Além de ser "maestro de sete instrumentos", conforme o demonstram suas geniais habilidades.*

→ *Doze tirinhas da Mafalda sobre o Meio Ambiente: no dia 29 de setembro de 1964, foi publicada a primeira tirinha da Mafalda, e suas doses de sabedoria foram traduzidas a mais de 30 idiomas.*

→ *Em entrevista a El País, o ex-prefeito de Nova Iorque Michael Bloomberg, bilionário e filantropo, critica a polarização política norte-americana: "Bill Clinton foi o último presidente que tentou unir o País".*

EVOLUÇÃO REAL

Ao **Professor Aldo Nelson Bona**, *Superintendente-Geral de Ciência, Tecnologia e Ensino Superior do Paraná, pelo seu memorável aniversário, dia 28 de agosto.*
Aos colegas de trabalho da Super SETI 2019.

Confraternizar! Eis a bela meta
A preservar! Por maior seja a evolução
É preciso manter em linha reta
Equilíbrio entre razão e coração!

Ciência, tecnologia, inovação –
Nobres conquistas da academia!
Entretanto, o traço da emoção
É que nos distingue e une – alegria!

A robótica mais se faz presente!
Ao infinito vamos, grande e pequeno!
Não podemos estar ausentes

Do amor, de Deus, da humanidade!
É o ser inteligente – avancemos!
No rumo da nossa imortalidade!

28 de agosto de 2019

→ *No ambiente de trabalho — preciosa escola de todo dia —, reunir--se para confraternizar é necessidade fundamental para entrosar pessoas, equipes; para aplainar arestas, dirimir dúvidas, har-*

monizar relacionamentos; para permitir a uns e outros mútuo conhecimento, redundando em ganhos psicológicos, afetivos; e até para desculpas, perdões... A ocasião não poderia ser melhor: o aniversário do nobre chefe.

→ Um acontecimento de alta importância nacional deu-se em julho desse ano: a Lava Jato devolveu R$ 424 milhões à PETROBRAS. Em destaque, o trabalho gigantesco e patriótico da força-tarefa da Operação Lava Jato. O valor é referente ao pagamento de parcelas dos acordos de leniência realizados com empresas investigadas e que confessaram participação nos desvios ocorridos na estatal brasileira. Em alta, a consciência institucional da brasilidade.

→ Cristo Redentor é uma estátua que retrata Jesus Cristo, localizada no topo do morro do Corcovado, a 709 metros acima do nível do mar, no Parque Nacional da Tijuca, com vista para a maior parte da cidade do Rio de Janeiro, Brasil. Em 2007 foi eleito informalmente como uma das sete maravilhas do mundo moderno. Em 2012 a UNESCO considerou o Cristo Redentor como parte da paisagem do Rio de Janeiro incluída na lista de Patrimônios da Humanidade. O monumento foi concebido pelo engenheiro brasileiro Heitor da Silva Costa e construído em colaboração com o escultor francês Paul Landowski e com o engenheiro compatriota Albert Caquot, entre 1922 e 1931, na França. Inaugurada no dia 12 de outubro de 1931, dia de Nossa Senhora Aparecida, fica no bairro do Alto da Boa Vista. Símbolo do cristianismo brasileiro, a estátua tornou-se um ícone do Rio de Janeiro e do Brasil. O monumento também é uma importante fonte de visitação: recebe, em média, 2 milhões de turistas por ano. Feita de concreto armado e pedra-sabão. Tem 30 metros de altura, sem contar os 8 metros do pedestal, e seus braços esticam-se por 28 metros de largura. A estátua pesa 1.145 toneladas e é a terceira maior escultura de Cristo no mundo, menor apenas que a Estátua de Cristo Rei de Świebodzi na Polônia (a maior escultura de Cristo no mundo) e a de Cristo de la Concordia na Bolívia (a segunda maior escultura de Cristo no mundo).

LORENZO, BEM-VINDO AO PLANETA ALEGRE!

Aos seus **pais,**
Patrícia e Eduardo.
Aos seus **avós maternos, Ivonete e Adilson.**
A nós **avós paternos, Claudete e José.**
Aos seus numerosos **Tios, Tias, Primos, Primas.**
A todos que nos sentimos felizes com a sua presença entre nós!

Após tantos sonhos e planos
Concebidos no íntimo da união
Familiar, boas-vindas lhe damos:
Venha alegrar nossa embarcação!

Crianças são sempre belas flores
No jardim mimoso da vida,
São presença que encanta, amores
Que preenchem, completam a lida

E a trama que temos de viver!
Crianças são sentido, razão
Que guiam e motivam o dever!

Família, trabalho, sociedade:
Crianças equilibram a emoção!
Risos, alegrias, felicidade!

21 de julho de 2019, domingo.

→ *Eis que nosso sétimo neto vem alegrar seus pais (primeiro filho do Eduardo e da Patrícia), seus avós maternos (Ivonete e Adilson) e estes seus avós veteranos (Claudete e José), enfim, toda a família numerosa! Bem-vindo, Lorenzo!*

→ *Seleção Brasileira ganha pela nona vez a Copa América, após vencer a Seleção Peruana na final, realizada no Maracanã.*

→ *Equipe do Event Horizon Telescope publica primeira imagem diretamente feita de um buraco negro localizado no coração da Galáxia Messier 87 (7 de julho).*

DIVINA UNIÃO

*Aos queridos amigos **Carla e Noeval**, homenagem pelos seus **quatro decênios de casamento feliz!***
20 de setembro de 2020

Escola de lições severas,
Mas também de doces romances,
Laboratório preciso, não de quimeras,
Oficina que as leis nos põem ao alcance!

É nele que se reencontram os amores,
Igualmente os antigos desafetos,
Para cura da alma, nos dissabores
Que nos visitam nos momentos certos.

Graças a ele, porém, temos de retorno
Companhias que nos alegram a vida,
Materializando acalentados sonhos!

Instituto sublime que Jesus aprova,
Está nas divinas leis, chance querida,
As coisas mudam, passam, tudo se renova!

20 de setembro de 2020

→ Aniversário de casamento de um casal muito querido, Noeval de Quadros e Carla Inês Rodrigues de Quadros, ele desembargador do Tribunal de Justiça do Estado do Paraná, ela assistente social. Eventos dessa natureza levam-nos a avaliar a experiência *própria: como anda nosso casamento? O que temos feito para cada vez mais fortalecê-lo como instituição divina e humana? Temos nos mantido dentro dos princípios da dignidade, da honradez? Como estão nossos compromissos hoje, passados tantos anos, diante dos propósitos e promessas afirmadas no dia em que nos casamos? E assim uma série de questionamentos vêm à nossa mente, em clima de autoavaliação salutar e indispensável.*

→ *O Brasil identificou a primeira contaminação pelo novo coronavírus no fim de fevereiro de 2020, enquanto a Europa já registrava centenas de casos de Covid-19. A declaração de transmissão comunitária no País veio em março, mês em que também foi registrada a primeira morte pela doença.*

→ *Faleceu, aos 104 anos, Kirk Douglas (nascido Issur Danielovitch Demsky, Amsterdam, 9 de dezembro de 1916 – Beverly Hills, 5 de fevereiro de 2020). Foi um ator, cineasta e autor, uma das últimas estrelas vivas da Era de Ouro do Cinema Americano. Amplamente considerado um dos melhores atores da história do cinema. Pai dos atores Michael Douglas e Eric Douglas e do produtor cinematográfico Joel Douglas.*

UMA FESTA ESPÍRITA

*Ao **Centro Espírita A Caminho do Progresso**, pelo transcurso dos seus **69 anos de fundação** (1951-2020), Tingui, Curitiba, sábado, 15 de fevereiro de 2020.*
José Maia
(Homenagem do Centro Espírita Trabalho, Solidariedade e Tolerância.)

Nesta tarde de sol e beleza
Na URE Metropolitana Norte
Halo de luz se fez – mãe Natureza!
Desceram à Terra – pois não há morte! –

Os Imortais em vida ativa
Para abraçar irmãos estudantes
Na escola-arena superlativa
Que reúne corações nesses instantes!

69 Anos – *A Caminho do Progresso*
Divulgando a veneranda Doutrina
Espírita – farol de sucessos
Aos que buscam luz em sua sina!

Abertura solene, eloquente,
Em nome dos colaboradores;
É a voz dos caros Presidentes
Lembrando todos os labores!

Daniele e Lucas – a música divina,

Canto, violoncelo – encantamento!
Ambiente de melodias sublimes
Precede, inspirador, o momento:

Cosme Massi – em palestra magistral:
A Fé Transporta Montanhas – tema
Do Espiritismo Cristão, fala genial,
Que diz à razão e elucida problemas!

O pensamento genuíno cristão,
Fé raciocinada, clara como o astro-rei,
Ciência, Filosofia, Religião
Provando a Vida – sábias leis!

Almas irmãs em salão lotado,
Alegres, interessadas nas lições,
Aplausos, livros sorteados,
Um poema, um projeto de orientações

Na área social, depois gostoso coquetel
Em clima de vera fraternidade!
Abraços, lembranças, ainda não é o céu,
Mas todos querem a luz da Verdade!

Do lado de cá, assim transcorreu
A feliz comemoração da Casa amada.
Do lado de lá, por certo mais se deu,
Talvez saibamos disso na madrugada!

Encontro, reencontro, sorrisos,
Tanta coisa a dizer, a permutar,
Hoje amadurecemos, temos juízo,

Vitórias a comemorar!

É a família espírita reunida
Numa de suas células – são milhares
No Brasil e no mundo! – comprometidas
Com Jesus e Kardec em todos os ares!

15 de fevereiro de 2020

- → *Oportunidade valiosa de autoavaliação dos postulados espíritas, que abracei desde o fim da adolescência como filosofia de vida, como Ciência, Filosofia e Religião e que explicam a vida e seus desafios.*
- → *Covid-19: Brasil registra 713 casos em 24 horas. Brasileiros resgatados: "Era melhor ter ficado na China".*
- → *Novos sintomas de Covid: pesquisadores britânicos ampliam para sete os sinais que deveriam levar a exame de coronavírus.*

A PANDEMIA I

O mundo, quem diria, está mascarado,
Mudou seus trejeitos, seu modo de ser,
O bizarro é agora o novo estado
De se relacionar, agir, viver!

Máscara, álcool gel, higiene das mãos,
Em crise de água, vários banhos ao dia,
Isolamento, distâncias – novas noções
Da Sociologia em tempos de luto e alegria!

Uns carregam o piano, literalmente,
Se deslocam em batalhas reais,
Outros também levam pedras, virtualmente!

É a Nova Terra nestes tempos de dor,
Reinvenções, descobertas, opções radicais,
Novos valores nobres, tempos de amor!

A PANDEMIA II

Tempos de coronavírus, de pandemia,
desafiando grupos de risco, idosos,
Pessoas em comorbidades, agonias,
Dias difíceis, tumultuosos!

Pelo computador e celular –
Estudo, trabalho, reuniões,
Pouca gente pisando fora do lar,
Guardando cuidados em seus portões!

Cientistas buscam, febris, vacina,
Que possa proteger a população,
Governantes, gestores, técnicos combinam

Enorme mutirão de lutas e trabalhos!
Livros, artigos, filmes – franca produção!
O mundo então em novo e rico cenário!

27 de agosto de 2020

→ *Nesse ano inovador de pandemia, de criatividade à flor da pele, de reinvenções levadas por Covid-19, de descobertas além da contemporaneidade, eis que nos encontramos a viver plenamente na aldeia global do pensador McLuhan, que há 50 anos profetizou esses tempos nos quais nossos neurônios enfrentariam situações realmente extraordinárias, além do cotidiano individual e coletivo. Máscaras eram acessório de bailes chiques, de bailes de Carnaval. De outro lado, também faziam parte da indumentária de malfeitores, nos tempos do Velho Oeste americano, real e ficcional.*

Hoje, o novo normal é estar mascarado. Ai de quem não estiver vestido com esse acessório indispensável para locomoção e trânsito na comunidade planetária!

O distanciamento e o isolamento sociais são atualmente normas impositivas da sociedade exigente, que aderiu à opinião científica, desde os cômodos da habitação aos espaços comunitários, como empresas, escolas, bancos, farmácias, templos religiosos, mercados, shopping centers, parques, hospitais, clínicas, laboratórios...

O trabalho, antes físico, concreto, agora é virtual, digital, a distância: webconferências, reuniões técnicas, sociais, administrativas...

Nossas escolas, universidades, sem aulas...

Teríamos reduzido trabalho, mas quê!

As demandas aumentaram, em muitos lugares; na SETI, que o digam a UGF, a CCT, a CES, o Gabinete, as Assessorias, os Grupos Setoriais, o Protocolo-Geral, o serviço de transporte. Provavelmente deve ser esse o cenário do Tecpar, da Fundação Araucária.

Por isso tudo, nosso happy hour de hoje, mais uma vez, é virtual, mantidos os cuidados todos de prevenção, em benefício da saúde de cada um e de todos.

Então, nessa noite, homenageamos os aniversariantes do mês, no âmbito da SETI.

A todos os nove valorosos companheiros de trabalho, o nosso carinho e amizade. Deus abençoe a cada um e seu grupo familiar.

Pondo em versos, nossa homenagem ficou assim!

→ *Ciência e tecnologia no Brasil são produzidas em grande parte nas universidades públicas e nos institutos de pesquisa. Nesse campo de conhecimento o Brasil obteve, nas últimas décadas, uma posição significativa no cenário internacional. Segundo o Relatório Global de Tecnologia da Informação 2010-2011 do Fórum Econômico Mundial, o Brasil é o 56º maior desenvolvedor mundial de Tecnologia da Informação (TI).*

O Brasil possui o mais avançado programa de exploração espacial da América Latina, com recursos significativos para veículos de lançamento e fabricação de satélites. Na história do programa espacial brasileiro, a Agência Espacial Brasileira (AEB) assinou um acordo com a Administração Nacional de Aeronáutica e Espaço (Nasa), dos Estados Unidos, em 14 de outubro de 1997, para fornecer peças para a Estação Espacial Internacional. Esse acordo possibilitou ao Brasil treinar seu primeiro astronauta. Em 30 de março de 2006, o coronel Marcos Pontes, a bordo do veículo Soyuz, transformou-se no primeiro astronauta brasileiro e o terceiro latino-americano a orbitar a Terra.

→ **Ciência** *é um conjunto de conhecimentos empíricos, teóricos e práticos sobre a natureza, produzido por uma comunidade mundial de pesquisadores fazendo uso de métodos sistematizados e validados dentro dessa comunidade, que dá ênfase à observação, explicação e predição de fenômenos reais do mundo por meio de exploração e experimentação. Dada a natureza dual da ciência como um conhecimento objetivo e como uma construção humana, a historiografia da ciência usa métodos históricos tanto da história intelectual como da história social. Traçar as exatas origens da ciência moderna tornou-se possível por meio de muitos importantes textos que sobreviveram desde o mundo clássico. Entretanto, a palavra cientista é relativamente recente — inventada por William Whewell no século XIX. Anteriormente, a pessoa que investigasse a natureza chamava a si mesma de filósofa natural.*

SUAVE DESPERTAR

*Com carinho, a todos os **Amigos** aprendizes como eu e aos abnegados Instrutores **Rafael de Quadros** e **Fernanda Campos**. Retiro da Divina Providência, Ahú, em Curitiba, 30 de novembro de 2019*

No feliz propósito de renovar
A mente, o corpo, as emoções, o coração,
Aqui chegamos pra participar
Do Retiro RQ de Yoga e Meditação!

Entender dores, sofrimentos,
Buscar soluções, mexer em feridas,
Partilhar vitórias, curas, momentos
Com receitas de Mestres da Vida!

Namastê! Nossa perene gratidão
Por esta imersão tão enriquecedora!
Daqui pra frente, nova condução

Daremos às nossas vidas, com certeza!
Praticar, meditar! – Almas lutadoras
Neste paraíso de amor e belezas!

30 de novembro de 2020

- → *O Yoga está mais ou menos próximo de minhas buscas, desde a adolescência. Ciência e técnica oriental (hindu), tem trazido importantes contribuições para a vida saudável de nós seus praticantes, ainda que eventuais, como eu.*

- → *No dia seguinte ao segundo turno das eleições municipais, o governo de São Paulo recua na flexibilização das medidas de contenção ao coronavírus.*

- → *Empresa americana Moderna pede autorização de uso emergencial de vacina contra a Covid-19 nos Estados Unidos.*

ENVELHECENTES

Aos companheiros de atividades e que atuam em variados colegiados de Gerontologia, Geriatria e congêneres, visando ao bem-estar e à felicidade das Pessoas Idosas do Paraná, do Brasil, da Casa Planetária que nos abriga, neste ano diferente, de pandemia pela Covid-19!

Adolescentes, aborrecentes, envelhecentes...
Trajetórias marcantes da aventura da vida...
Do alto dos anos, nós seguimos, vetustos viventes,
De passos ora lentos, as muitas marchas já vencidas...

Eis que num encontro virtual feliz à luz da Bioética
Nos vemos a debater temas que preenchem a memória...
Saem versos, cantos, vivências, em linguagem poética,
Ode aos filhos, netos, pássaros, cães, livros, histórias!

Falamos de forma técnica, concreta, legal,
Sobre preciosas memórias de vida, experiências
A nos lembrarem que antes do derradeiro sinal

Prosseguimos, tranquilos, serenos, vivendo o Amor,
Registrando histórias, peripécias, jornadas – consciência
De que a Vida segue alegre – com muito bom humor!

7 de dezembro de 2020

→ *Ao participar, de modo virtual, remoto, de evento internacional sobre Bioética, a convite e por sugestão do eminente médico Dr. Gerson Zafalon, da Associação dos Amigos do Hospital de Clínicas da Universidade Federal do Paraná, e colega que somos no Conselho Estadual dos Direitos da Pessoa Idosa do Paraná, a oportunidade ensejou o aprendizado em torno de novo conceito – "envelhecentes" –, com manifestação de diversos especialistas em Gerontologia, Geriatria e áreas correlatas, produzindo interação e ampliação de conhecimentos nessa importante atividade humana.*

→ *A Copa Sul-Americana de 2020, oficialmente nomeada Conmebol Sul-Americana 2020, foi a 19ª edição da competição de futebol da América do Sul, organizada anualmente pela Confederação Sul-Americana de Futebol (Conmebol). Participaram clubes das dez associações sul-americanas. As candidaturas entraram no processo com o objetivo maior de sediar a final da principal competição de clubes da Conmebol, a Libertadores. Ao todo foram dez estádios apontados por federações futebolísticas, clubes e pelo poder público de seus respectivos países. Em 17 de outubro, ficou decidido pelos membros do Conselho que a cidade de Córdova, na Argentina, receberia a final da competição em 2020, tendo como palco do jogo o Estádio Mario Alberto Kempes. O Brasil não pôde candidatar-se a essa final por não ter sido classificado para a Copa Libertadores 2020, embora seis clubes tenham tido bom desempenho no cenário nacional (Fortaleza, Goiás, Bahia, Vasco da Gama, Atlético Mineiro e Fluminense).*

→ *A pandemia, em curso, de Covid-19, também conhecida como pandemia de coronavírus, originou-se de uma doença respiratória, causada pelo coronavírus: a síndrome respiratória aguda grave 2 (SARS-CoV-2). O vírus tem origem zoonótica, e o primeiro caso conhecido da doença remonta a dezembro de 2019 em Wuhan, China. Em 20 de janeiro de 2020, a Organização Mundial da Saúde (OMS) classificou o surto como Emergência de Saúde Pública de Âmbito Internacional, e em 11 de março de 2020, como pandemia.*

MATURIDADE NA PANDEMIA 2020

Ora, quem diria, o homem endeusado
Deste milênio de tanta ciência
Às voltas com o distante passado
De pandemias, dores, inconsciência!

Como que chamado a pensar, refletir,
O deus-matéria se vê aturdido
E tomba dos píncaros; já não sorri,
Mergulha agora no desconhecido

De si mesmo, que ainda mal conhece...
Sim, domina o solo, o espaço, o mar
Mas no fundo só uma asa lhe aparece –
o saber! – e a outra, o amor! – a se ocultar!

A pandemia, o isolamento social,
O burburinho diário desapareceu.
Atônito, o homem busca um sinal,
Agora não mais o orgulhoso deus...

Sinal seguro da sua infinitude...
"A alma não é pequena", vale viver,
Trabalhar, servir, amar – concretude!
Por ideais nobres, lutar e até morrer!

O ser é chamado a se conhecer,
A valorizar a escola familiar,

A amizade pura, o bem viver,
Se desprender, se desapegar!

Fomos criados para fazer a luz
Brilhar em nós – somos cocriadores!
A perfeição é o alvo – nos ensina Jesus,
Aceitar os desafios – fiéis servidores!

Assim pensando, agindo assim,
Vivemos hoje a maturidade,
Fase de coroamento neste jardim
De flores – a vida em comunidade!

De mais alto, podemos ver agora
As jornadas e lições aprendidas,
Estamos por dentro, não por fora!
Sabedoria temos – etapas vencidas!

Por isso, nesta pandemia crucial,
Que visita a Terra em transformação,
Sem esmorecer, combatamos o mal,
Cumprindo nosso dever – coração e razão!

Temos agora a VII Conferência
Das Pessoas Idosas do Paraná,
Todos nós, com amor e consciência,
Alegres, responsáveis – a participar!

20 de novembro de 2020

→ As mudanças havidas no mundo do trabalho: desde o início da pandemia, trabalhar homeoffice tornou-se um hábito nos setores público e privado. Nós, servidores estaduais do Paraná, já nos acostumamos com os papéis de representar os órgãos diversos do Poder Executivo, sobretudo do primeiro escalão da Administração, como conselheiros e membros de outros colegiados, como grupos de trabalho, comitês, comissões. Trata-se do Controle Social, previsto na Constituição Brasileira. Assim, no meu caso, venho participando ultimamente do Conselho Estadual da Pessoa Idosa (CEDI-PR), Conselho Estadual de Assistência Social (CEAS-PR), Comitê de Acompanhamento do Plano Estadual de Socioeducação (PEAS) e Núcleo Estadual de Educação Permanente (NEEP/SUAS), por parte da Superintendência-Geral de Ciência, Tecnologia e Ensino Superior (SETI). Nesse mês de novembro de 2020, a experiência foi participarmos da VII Conferência Estadual dos Direitos da Pessoa Idosa do Paraná via on-line, totalmente a distância, virtualmente. Centenas de pessoas participaram do evento, com excelentes resultados, além dos esperados, com repercussão nacional. A coordenação e a organização da conferência foram capitalizadas pelo CEDI-PR, pelo Departamento da Política da Pessoa Idosa da Secretaria de Estado da Justiça, Família e Trabalho (SEJUF) e pela Equipe Técnica da Secretaria.

→ Big Brother Brasil 20 foi a 20ª temporada do reality show Big Brother Brasil, exibido pela Rede Globo de 21 de janeiro de 2020 a 27 de abril de 2020. Apresentada por Tiago Leifert, teve a direção-geral de Rodrigo Dourado. No décimo Paredão da edição, foi constatada a maior votação do programa, com exatos 1.532.944.337 votos na disputa entre os participantes Felipe Prior, Manu Gavassi e Mari Gonzalez, superando o sexto Paredão da mesma edição, que até então detinha o recorde. Tal feito entrou para o Guinness World Records como "A maior quantidade de votos do público conseguidos por um programa de televisão", superando o talent show estadunidense American

Idol. O recorde também foi mencionado no Jornal Nacional, além de ter sido matéria na revista eletrônica estadunidense Variety, que chamou o recorde de "colossal". A edição terminou com a vitória da médica anestesiologista Thelma Assis, que recebeu 44,10% dos votos, e faturou o prêmio máximo de R$ 1,5 milhão, sem desconto de impostos. Além dos recordes angariados ao longo do programa, a final da 20ª edição do reality teve a maior audiência em 10 anos e um acúmulo de 165 milhões de telespectadores alcançados nos 3 meses de confinamento. Foi a quarta vez que o Big Brother Brasil teve apenas mulheres na final.

→ *O apagão no estado do Amapá é considerado um dos maiores blackouts do Brasil desde o Apagão de 1999, que atingiu parte do País. Teve seu início no dia 3 de novembro de 2020, atingindo 13 dos 16 municípios do estado, incluindo a capital, Macapá. O início da retomada da energia elétrica aconteceu em 7 de novembro de 2020 em alguns bairros de Macapá e uma parte de Santana, dando início ao sistema de rodízio, inicialmente de 6 horas, com exceção de bairros que atendem a serviços essenciais, que passaram a ter a energia por 24 horas. Em 12 de novembro, o racionamento é reduzido para 4 horas, ocorrendo em dias pares e ímpares e estendendo-se nos outros 11 municípios atingidos. No dia 17 de novembro de 2020, ocorre um segundo apagão após uma falha na distribuição de energia, com o problema sendo totalmente solucionado na madrugada do dia 18. Na madrugada do dia 24 de novembro de 2020, a energia foi totalmente estabelecida, chegando ao fim o sistema de racionamento após 22 dias de apagão.*

MÃE, EU TE AGRADEÇO!

À **Minha Mãe**,
a **todas as Mães**,
no **Dia das Mães**,
em tempo de pandemia

Mãe, quero te agradecer...
Há tanta coisa, nem sei...
Exemplo: o dom de ver
O novo dia – sábia lei!

O corpo, fruto do amor,
Em doce e bela união,
Recebendo o sofredor
Em franca provação!

O romance inicial,
Doce encantamento,
Tema sério, magistral:
Pedido de casamento!

Nasci, cresci, estou aqui,
Tantos caminhos andei,
O tempo foi, envelheci.
Jamais de esquecerei!

Pobres são estas rimas
Para em ti enumerar
Os dotes de obra-prima
Que pôs Deus ao te criar!

*Nunca mais te esqueci,
És sempre minha luz!
Provas duras venci,
Abraçando minha cruz!*

*Hoje, dias de pandemia,
Meus beijos, forte abraço
Vão em doce sintonia
Oscular teu regaço!*

*Onde estiveres, meu farol,
Na Terra ou no Infinito,
Serás sempre meu sol
A me guiar ao céu bendito!*

*Por tudo isso, Mãe querida,
Sempre minha gratidão!
Nos caminhos da vida
Eu não mais escuridão!*

*Concluo esta homenagem
Como tu me ensinaste:
Nesta grande viagem
Viver é a grande arte!*

10/05/2020

→ O Dia das Mães em plena pandemia de Covid-19 pelo Novo Coronavírus foi certamente um dos mais inusitados. Quantos filhos abraçando mães a distância, virtualmente, digitalmente, *telefonicamente? Quantas lágrimas, saudades, esperanças, pela Terra inteira? Deus, no seu amor e sabedoria, fortalecendo encontros, reencontros, conciliações, sinfonias nos corações!*

→ *A indústria bélica do Brasil é uma das mais importantes do mundo, possuindo uma gama variada de fabricantes de diversos equipamentos militares, armas de fogo, munições, mísseis, aeronaves, blindados e explosivos. É responsável por um faturamento anual aproximado de R$ 1 bilhão e pelo emprego de cerca de 40 mil pessoas, segundo dados da ANIAM (Associação Nacional da Indústria de Armas e Munições). Embora a natureza pacífica do nosso País...[comentário do autor].*

→ *Os protestos contra a morte de George Floyd ou protestos antirracistas nos Estados Unidos são uma série de protestos e agitação social que tiveram início na cidade de norte-americana de Minneapolis em 26 de maio de 2020. Floyd, de 46 anos, morreu durante uma detenção em que Derek Chauvin, um policial, se ajoelhou sobre o pescoço de Floyd durante cerca de oito minutos enquanto três outros policiais observavam.*

LORENZO

Ao mais novo e querido neto, aos seus pais, Patrícia e Eduardo, a nós, seus avós, tios, tias, primos, primas, à Eva, sua babá.

L á se vão já oito meses!
O Lorenzo veio e cresce!
R i, alegra-se, encanta!
E chora em alto som!
N ós todos o amamos muito!
Z arpou ele do porto e ei-lo aqui!
O utras tantas aventuras à vista!

21 de março de 2020, sábado

- → Aos 8 meses, o Lorenzo já demonstra personalidade cativante, forte, exercendo seus direitos de escolha, ao alegrar-nos com suas descobertas.
- → Brasil atinge 2 milhões de casos confirmados de Covid-19, desde o início da pandemia, em março (19 de junho).
- → Cientistas anunciam que grãos de poeira estelar pré-solares do meteorito Murchison formaram-se há 5 a 7 bilhões de anos. É o material sólido mais antigo encontrado na Terra até o momento (14 de janeiro).

NÁUFRAGOS AGRADECEM

*Ao **Centro Espírita Trabalho, Solidariedade e Tolerância**,
pelos seus 51 anos de fundação (7-12-1969 – 2020)
e, por extensão, a todas as Instituições Espíritas
que vivem hoje a mensagem pura e cristalina
do Cristianismo com Jesus.*

Ponto de luz junto de outros na noite trevosa,
De braços abertos, acenando, acolhedor,
Ponte luminosa sobre vasta área brumosa,
Levando a irmãos aflitos o Consolador!

É o Centro Espírita, farol de verdade e luz
Em forma de Ciência, Filosofia, Religião,
Ressuscitando da História a Doutrina de Jesus,
Unindo o Ser Humano em cérebro e coração!

Chama iluminadora que no Tempo de Deus
Aproxima dos Céus os Seres a evoluir,
Agora lúcidos, não mais indiferentes ateus,

Pois encontraram o real Sentido para a Vida,
Já não sofrem tanto, agora vivem, a sorrir,
No trabalho do Bem – etapas vencidas!

7 de dezembro de 2020

→ As doutrinas religiosas realmente sérias, buscadoras das verdades eternas, todas elas merecem o respeito humano, a gratidão dos seus profitentes, por buscarem o alimento espiritual essencial para a caminhada humana no plano material, na vida física. Assim, é sempre com profunda emoção que o autor destas Reflexões, nos dezembros de tantos anos, externa a sua gratidão por esta dadivosa oportunidade — agradecer a Deus, a Jesus (nosso "modelo e guia") — e homenagear a Casa Espírita — "escola, templo, hospital, escola e lar"). Ciência, Filosofia, Religião: o Espiritismo é bússola valiosa no tumulto dos conflitos humanos. Sem pretensões de tomar o lugar das religiões tradicionais, ela vai além dos limites onde tantas param. Minha gratidão por conhecê-la, graças ao contributo de tantas pessoas amigas altamente espiritualizadas, cujos respectivos nomes estão registrados nestes Reflexos!

→ **Brasil**: O que é normal? O que será o "novo normal" daqui para a frente? Essa expressão tem sido usada por pessoas comuns, por especialistas, por jornalistas e repórteres. Um fato é real: grandes contingentes da população mundial, brasileira, local, admitem em alto e bom som que muitas mudanças têm ocorrido durante a pandemia. Espécie de avaliação, de teste, para que nós seres humanos possamos nos medir, seja praticando reflexões, debates, conversações coloquiais no dia a dia, seja alterando radicalmente nossos hábitos, propiciando descobertas, resgates.

→ **A pandemia na mídia mundial**: as medidas preventivas recomendadas incluem distanciamento social, uso de máscaras faciais em público, ventilação e filtragem de ar, lavagem das mãos, cobertura da boca ao espirrar ou tossir, desinfecção de superfícies, monitoramento e autoisolamento para pessoas expostas ou sintomáticas. Várias vacinas estão sendo desenvolvidas e distribuídas ao redor do mundo. Os tratamentos atuais concentram-se nos sintomas, enquanto drogas terapêuticas que inibem o vírus são desenvolvidas. Autoridades em todo o mundo responderam implementando restrições a *viagens, lockdowns, controles de locais de trabalho e fechamentos de instalações. Muitos lugares também trabalharam para aumentar a capacidade de testar e rastrear os contatos dos infectados. A pandemia resultou em instabilidade social e econômica global significativa, incluindo a maior recessão global desde a Grande Depressão (1929). Isso levou a uma escassez generalizada de suprimentos exacerbada pela corrida às compras, interrupção da agricultura e escassez de alimentos, além de diminuição das emissões de poluentes e gases de efeito estufa. Muitas instituições educacionais e áreas públicas foram parcial ou totalmente fechadas, e muitos eventos foram cancelados ou adiados. A desinformação circulou nas redes sociais e nos meios de comunicação de massa. A pandemia levantou questões de discriminação racial e geográfica, igualdade na saúde e o equilíbrio entre os imperativos da saúde pública e os direitos individuais.*

OITO DE MARÇO!

Singela homenagem a
Mães, Irmãs, Namoradas, Esposas, Filhas, Noras,
Avós, Netas, Tias, Sobrinhas, Cunhadas,
Afilhadas, Enteadas,
Familiares de todos os níveis,
Amigas parceiras de lutas incomuns, pelo
Dia Internacional da Mulher!

D ia 8 de Março de 2021!
I luminada data a comemorar!
A Mulher é este Anjo de Luz

D e todo dia na Terra-Escola!
A mor no Lar, no Trabalho, em todo lugar,

M ovendo a roda da vida!
U nião de esforços ante a pandemia
L eva-nos a reverenciá-la ainda mais:
H eroína anônima ou na ribalta,
E i-la a conduzir a luta sem tréguas,
R enunciando a si mesma por Amor!

> → *Há mais de três decênios/décadas essa data mexe comigo, o Dia Internacional da Mulher. Desde o poema (neste livro) "Obrigado, mulher!" (1987). É no mínimo justo preito prestar homenagem a essa figura que, no sentido mais sublime e profundo, nos remete à Mãe e, ao longo do tempo nosso de vida, à irmã, à esposa, à filha, à enteada, à afilhada, à nora, à avó — enfim, aos numerosos papéis que a mulher tem em relação ao grupo*

familiar. Tempo houve em que, nos ambientes de trabalho por onde passei, pude distribuir flores às colegas, nesse dia, prestando-lhes homenagem. Portanto, nesse segundo ano de covid-19 no planeta, nada mais justo do que novamente homenageá-las. Muitas delas, até mesmo na linha de frente, nas equipes de saúde, doando-se profissionalmente, humanitariamente, até com sacrifício da própria vida.

→ *O caso Henry Borel refere-se ao assassinato do menino brasileiro Henry Borel Medeiros (Rio de Janeiro, 3 de maio de 2016 – Rio de Janeiro, 8 de março de 2021), de 4 anos, ocorrido no dia 8 de março de 2021, na Barra da Tijuca, zona oeste da cidade do Rio de Janeiro. O menino foi assassinado no apartamento onde moravam a mãe, Monique Medeiros, e o padrasto, o médico e vereador Jairo Souza Santos Júnior, mais conhecido como Dr. Jairinho (sem partido), filho do ex-deputado estadual Coronel Jairo. O caso gerou grande repercussão no Brasil, sendo muito assemelhado aos casos Isabella Nardoni, ocorrido 13 anos antes, e Bernardo Boldrini, ocorrido 7 anos antes. Também gerou interesse por quase 40 países.*

→ *A Única Mulher é uma telenovela portuguesa produzida pela Plural Entertainment e transmitida pela TVI entre 15 de março de 2015 a 6 de janeiro de 2017, substituindo meses mais tarde O Beijo do Escorpião e sendo substituída por Ouro Verde. Escrita por Maria João Mira e André Ramalho, com ideia original de José Eduardo Moniz e direção de António Borges Correia. Gravada em Portugal e em Angola. Protagonizada por Ana Sofia Martins, Lourenço Ortigão, Alexandra Lencastre, Ângelo Torres e Rita Pereira. Foi, na altura, a segunda telenovela mais vista da TVI, desde que a GFK vinha medindo as audiências, alcançando 13,5% / 29,1%, sendo superada pela sucessora, Ouro Verde (14,0% / 29,1%).*

SAGA FAMILIAR

Nós, Claudete e José
Casamos como planejamos.
Logo nasceu o primeiro filho.
Rapidamente, quase um por ano,
Seguindo no mesmo trilho!

Gilberto
No Dia do Meio Ambiente nasci,
Cheio de sonhos e boas ideias:
O mundo – escola árdua, curti,
Logo me vi firme na boleia.

Estudos, namoros, tão jovem – pai,
Duras experiência no lar,
Duas meninas, e lá se vai
O tempo – todo agora a trabalhar.

Era lobinho no Escotismo,
Guitarrista da Banda *Misfire*,
De repente, sem esnobismo,
Trabalhei em cartório, sem desaire,

Pois a família pão pedia:
Assumindo meu novo papel,
Fugir dele agora não podia,
Amadureci, mesmo sem o quartel.

Livros, computador, descobertas,
Faculdade, novo doce lar,
Agora não mais horas incertas,
Estudar com afinco e trabalhar!

As filhas casaram, eu também,
Novos sonhos e projetos de vida,
Pés no chão, não mais no além,
Tudo agora em segura guarida!

Alessandro
Também nasci no mesmo dia
Do Gil, meu primeiro irmão,
Juntos até onde se podia,
Brincadeiras, manhas, mesmo chão!

Também curti vida *punk*, bateria,
E cedo me prendi no trabalho,
Até que conheci a Patrícia
E o romance rolou – eis o cenário:

Vieram o Gabriel, a Duda, o Davi,
Formamos uma grande família,
Aventuras novas que então vivi:
Fui estudar, antes não queria.

Trabalho enquanto outros dormem,
TI, mundo da telefonia,
Estudo, esposa, filhos – enormes
São meus deveres e alegria!

Luciana
A terceira da grande prole,
Vim mulher pra quebrar o machismo.
Desde cedo vi que não é mole
Estar nesta onda de modismos!

De um lado sou conservadora,
Mas sigo a tecnologia,
Rompo barreiras e lutadores,
Coisas novas, sem nostalgia!

Também curti a noite musical,
Aventuras adolescentes,
Encontrei o Ricardo, afinal,
Sem o outro não somos gente!

A Mariana agora é pra nós
Laboratório e escola diários!
Parece ontem: éramos sós,
Hoje trabalho é nosso cenário!

Eduardo
Caçula, fui o último chegante,
Na manha, calmo, tranquilo,
Os pais já andaram bastante,
Treinados já com outros filhos!

Assim, fui o último a casar
E o filho, Lorenzo, chegou agora,
Para nossa vida ocupar –
Nossa casa, ares de escola!

Tive adolescência moderada:
Estudos, estágios, aventuras,
Acompanhei em parte a gurizada.
Entrei pra Caixa, conheci a Patrícia.

Verdade que viajei pelo mundo
Foi bom conhecer nossa casa...
Laços há tão fortes, profundos,
Que nos fazem baixar as asas.

Os Netos e a Bisneta
Veio a Andrielle, neta primeira,
Passados cinco anos, a Milena,
Chegou o Gabriel, e nesta esteira
A Duda, a Mariana e nesta novena

O pré-assunciado Davi,
Conforme sonho do avô José;
Estando já firme e forte aqui,
Fugir da raia é o que não se quer...

Temos já bisneta, a Rafaelly,
A tribo se estende, se amplia;
Não que a gente em si se espelhe,
Mas família grande é sempre alegria!

Nós, Claudete e José
Assim se apresenta a saga
Do nosso núcleo familiar,
Pois só com amor se paga
A roda da vida a rodar!

13 de março de 2021

→ Ao fazer um balanço sobre o conteúdo e os propósitos destas Memórias Cinquentenárias, deparei-me com o fato de que, para alguns filhos e netos, dediquei poemas em maior ou menor intensidade. Mas todos merecem o mesmo amor. Eis porque, num gesto reparação — caso algum familiar se sentisse menos contemplado nessas homenagens — surgiu "Saga familiar", numa data emblemática para mim: quando trabalhei no Instituto de Pesquisa e Planejamento Urbano de Curitiba (IPPUC, 1970-1976); minha chefe, a senhora Maria Helena Taboada, comemorava conosco o seu aniversário, e também o nosso presidente da instituição, em determinada época, o arquiteto Rafael Bernardo Dely, ambos nascidos em 13 de março. Impossível então não registrar dessa forma a lembrança e homenagem às pessoas que representam o micronúcleo familiar, centrado nos filhos e suas respectivas famílias. Faltava uma síntese da saga familiar, para não ferir suscetibilidades, para, num amplexo de amor, falar de cada um e de todos, no harmonioso conjunto da teia familiar.

→ O lockdown no Brasil em 2021 diz respeito a iniciativas implantadas por alguns governadores e prefeitos brasileiros. Contrários às políticas adotadas pelo governo Jair Bolsonaro, os mandatários adotaram as orientações da Organização Mundial da Saúde (OMS) para combater a pandemia de Covid-19 no País, causada pelo coronavírus da síndrome respiratória aguda grave 2 (SARS-CoV-2).

→ A pandemia de Covid-19 espalhou-se oficialmente a Portugal em 2 de março de 2020 quando foi reportado que dois homens, um médico de 60 anos que esteve de férias no Norte de Itália e um homem de 33 anos que esteve na Espanha em trabalho, testaram positivo a SARS-CoV-2. Até o dia 7 de maio de 2021, houve 838.852 casos confirmados, com um total de 16.989 mortes e 799.442 já recuperados. Atualmente, 280 pessoas encontram-se internadas, e 75 estão em unidades de cuidado intensivo. Entretanto, especialistas advertem que o número atual de infeções é provavelmente muito maior que o número *de casos confirmados, uma vez que testes são limitados a um número específico de pessoas com sintomas e porque muitas pessoas com sintomas leves ou até mesmo assintomáticas não procuram assistência médica, ainda que estejam ativamente a transmitir o vírus.*

Homenagem à UNESCO no ano do seu 75º aniversário

- → *Setenta e cinco anos de criação da Organização das Nações Unidas para a Educação, a Ciência e a Cultura (UNESCO, (acrônimo de United Nations Educational, Scientific and Cultural Organization), comemorados em 2021. A UNESCO é uma agência especializada das Nações Unidas (ONU), com sede em Paris, fundada em 16 de novembro de 1945 com o objetivo de contribuir para a paz e segurança no mundo mediante a educação, ciências naturais, ciências sociais/humanas e comunicações/informação.*

- → *As atividades culturais procuram a salvaguarda do patrimônio cultural, o estímulo da criação, a criatividade e a preservação das entidades culturais e tradições orais, assim como a promoção dos livros e a leitura. Em matéria de informação, a UNESCO promove a livre circulação de ideias por meios audiovisuais, fomenta a liberdade de imprensa e a independência, o pluralismo e a diversidade dos meios de informação, por meio do Programa Internacional para a Promoção da Comunicação.*

- → *A UNESCO persegue seus objetivos mediante cinco grandes programas: educação, ciências naturais, ciências sociais/humanas, cultura e comunicação/informação. Projetos patrocinados pela UNESCO incluem programas de alfabetização, técnicos e de formação de professores, programas científicos internacionais, promoção de mídia independente e liberdade de imprensa, projetos de história regional e cultural, promoção de diversidade cultural, traduções de literatura mundial, acordos de cooperação internacional para garantir o patrimônio cultural e natural mundial e para preservar os direitos humanos; e tenta superar a divisão digital mundial. É também membro do Grupo de Desenvolvimento das Nações Unidas.*

→ *Seu principal objetivo é reduzir o analfabetismo no mundo. Para isso, a UNESCO financia a formação de professores: uma de suas atividades mais antigas é a criação de escolas em regiões de refugiados. Na área de ciência e tecnologia, promover pesquisas para orientar a exploração dos recursos naturais. Outros programas importantes são os de proteção dos patrimônios culturais e naturais, além do desenvolvimento dos meios de comunicação. A UNESCO criou o* World Heritage Centre *para coordenar a preservação e a restauração dos patrimônios históricos da humanidade, com atuação em 112 países.*

NOITE PANDÊMICA

Quando tudo passar
E o sol voltar
Outra vez a brilhar,
Agradeceremos
A noite que vivemos,
Na qual
Nosso espírito imortal
Cresceu para Deus!

10/06/2021

→ A noite silenciosa e dolorosa que se fez sobre o nosso amado Planeta Terra foi inspiração durante o banho matinal de chuveiro. Cantarolando o gemido de milhões de nós sob o impacto da pandemia, saíram esses versos, em forma de canção...

→ Os povos indígenas brasileiros deram contribuições significativas para a sociedade mundial, como a domesticação da mandioca e o aproveitamento de várias plantas nativas, como o milho, a batata-doce, a pimenta, o caju, o abacaxi, o amendoim, o mamão, a abóbora e o feijão. Difundiram o uso da rede de dormir e o costume do banho diário, desconhecido pelos europeus do século XVI. Para a língua portuguesa legaram uma multidão de nomes de lugares, pessoas, plantas e animais (cerca de 20 mil palavras), e muitas de suas lendas foram incorporadas ao folclore brasileiro, tornando-se conhecidas em todo o País.

→ A origem dos Homo Sapiens atuais é bastante discutida, mas a maioria dos cientistas apoia a teoria da Eva Mitocondrial, apoiada por testes genéticos, em vez da teoria evolução multirregional que defende que os seres humanos modernos evoluíram em *todo o mundo ao mesmo tempo a partir das espécies Homo lá existentes e que se reproduziram entre si entre as várias migrações que supostamente fizeram. Os primeiros fósseis totalmente humanos foram encontrados na Etiópia e datam de aproximadamente 160 mil anos.*

MORO NA RUA

Aos sofridos irmãos em humanidade
que residem em quase todas as cidades
do mundo globalizado,
tão rico de conquistas civilizatórias
e ainda não pobre de amor!

Ontem a casa cheia, aconchegante,
Os familiares, amigos, alegrias,
Os afetos mais caros, amantes
Do bem, dores sim, mas euforia...

O tempo passou, tanta coisa ocorreu,
A família se desfez, perdi meu lar,
Hoje moro na rua, meu teto é o céu...
Valores novos, carências... Meu jantar

Vem pelas mãos da caridade
Ou pelas ações sociais do governo...
Meu quintal é toda a cidade...

Vou vivendo assim, nesse amargo afã
Mil perguntas, respostas não tenho,
Só Deus sabe se terei novo amanhã!

18/08/2021

→ *Os moradores de rua, assim como os carrinheiros, sempre me sensibilizaram. Mormente agora que se tornaram protagonistas na mídia frequente: a dramática situação de pessoas que não têm um teto para viver e o heroico trabalho de verdadeiros profissionais que coletam materiais recicláveis, em defesa da vida do planeta, ao mesmo tempo que geram renda para a sobrevivência de milhares de famílias brasileiras. Convidado a contribuir para exaltação e divulgação do tema, pela passagem do Dia Nacional da Luta da População em Situação de Rua, comemorado em 19 de agosto, eis que veio a inspiração emocionante a produzir esse poema.*

→ *Joaquim Maria Machado de Assis (Rio de Janeiro, 21/06/1839 – Rio de Janeiro, 29/09/1908) foi um escritor brasileiro, considerado por muitos críticos, estudiosos, escritores e leitores o maior nome da literatura brasileira. Escreveu em praticamente todos os gêneros literários, sendo poeta, romancista, cronista, dramaturgo, contista, folhetinista, jornalista e crítico literário. Testemunhou a Abolição da escravatura e a mudança política no País quando a República substituiu o Império, além das mais diversas reviravoltas pelo mundo em finais do século XIX e início do XX, tendo sido grande comentador e relator dos eventos político-sociais de sua época.*

→ *Comunidade dos Países de Língua Portuguesa (CPLP) é uma organização internacional formada por países lusófonos, cujo objetivo é o "aprofundamento da amizade mútua e da cooperação entre os seus membros". A CPLP foi criada em 17/07/1996 por Angola, Brasil, Cabo Verde, Guiné-Bissau, Moçambique, Portugal e São Tomé e Príncipe. Em 2002, após conquistar independência, Timor-Leste foi acolhido como País integrante. Em 2014, Guiné Equatorial tornou-se o nono membro da organização, apesar da controvérsia gerada em torno dessa adesão. A população de seus países membros soma aproximadamente 270 milhões de pessoas.*

POSFÁCIO

Sobre a Poesia de José Maia

Ao José, o jovem poeta do nosso querido Colégio Estadual do Paraná.

Prof.ª Sálua Elias Garau, do Colégio Estadual do Paraná (dezembro de 1968, em dedicatória no livro *Poemas Os Escravos e A Cachoeira de Paulo Afonso*, de Castro Alves)

Agradeço a você a oferta do seu trabalho Reflexos do bom combate, *que li com atenção e agrado. Você está em caminho iluminado ao criar a poesia da sua lavra. Prossiga, e receba o abraço amigo de seu colega*

Prof. Vasco José Taborda, do Centro de Letras do Paraná, professor de Língua Portuguesa do Colégio Estadual do Paraná (18 de novembro de 1986).

Reflexos do bom combate, *de José Maia*, constitui uma coletânea de poemas nos quais está refletida a luz de um sentimento poético pleno de espiritualidade, de humanismo, de altruísmo e de angústia diante do homem que, apesar de ter evoluído tanto na ciência e na tecnologia, continua sendo um pigmeu na dimensão moral e espiritual. [...] O apelo ao amor, à renovação, à energia espiritual edificante e ao compromisso do artista em face das circunstâncias asfixiantes da nossa época faz do autor um poeta, criador e combatente. Seus poemas deixam na alma de quem os lê os reflexos da luz do bom combate alicerçado no ministério da palavra estruturada nos moldes cristãos.

Roza de Oliveira, da Academia da Poesia/Sala do Poeta do Paraná (22 de fevereiro de 1990).

O poeta não deixa de ser, sempre será. Ainda mais: no dizer de Mário Quintana, todo conhecimento repousa nas enciclopédias, que dizem sempre a mesma coisa. Se quisermos encontrar algo de novo, o poeta dar-no-lo-á! Você é poeta, sempre será! Num crescer bonito, num aprimorar constante, trata de modo singelo e diferente o que, aparentemente, é sempre igual: o homem em sua lida e vida e seus ofícios. Numa mensagem poética se revela artista, ao lado da pessoa repleta de amor e bondade que você é. É um exemplo edificante. Um microuniverso que, pela magia das suas palavras, revela um grande universo: O HOMEM! Parabéns, e não seja omisso! Poetar é uma das suas dádivas! Jamais deixe de cultivar este dom!

> **Prof. Paulo Micoski**, docente de Língua Portuguesa do Colégio Estadual do Paraná, do Centro Federal de Educação Tecnológica (CEFET/PR) – elevado à categoria de Universidade Tecnológica Federal (UTFPR) –, redator da Casa Civil do Governo do Estado do Paraná (anos 1990).

Parabéns por esse retrato, tão claro, do nosso mundo contemporâneo. A poesia é um veículo lírico, porém fonte. Pois carrega, em si, mensagens éticas, sob estéticas fundamentais. Sempre que a semente do "Desperte" cair em solo fértil, o mundo ficará um pouco mais florido e, quem sabe até, menos dorido... Meus cumprimentos por essa produção literária que, em síntese, revela um espírito de alta sensibilidade: o seu.

> **Eloyna Cadilhe de Oliveira Costa (Santinha)**, membro da Equipe de Redação da Assessoria Técnica da Casa Civil do Governo do Estado do Paraná (16 de março de 1989).

Estão umas joias!

> **Eliana Nag**i, licenciada em Letras, redatora da Assessoria Técnica da Casa Civil do Governo do Estado do Paraná (início dos anos 2000).

Parabéns pelas belíssimas poesias! Felicidades em sua caminhada!

> **Maria Aparecida Sanches**, licenciada em Letras, membro da Equipe de Redação da Assessoria Técnica da Casa Civil do Governo do Estado do Paraná (anos 1990).

Em suas poesias, percebemos indiretamente que na sua infância J. Maia foi um revoltado, mas lutou com essa revolta. Através do trabalho e do estudo conseguiu erguer-se socialmente e aceitou sua infância cheia de pobreza, trabalho e sofrimento. Agora, valoriza essa infância problemática e orgulha-se dela.

> **Cristiane Silva do Nascimento** e colegas acadêmicas do primeiro ano dos cursos de Letras, Comunicação Social e Estudos Sociais, Universidade Tuiuti do Paraná (5 de fevereiro de 1981).

Querido amigo José: eu te amo com amor paternal, e te admiro pelas conquistas e realizações culturais.

> **Prof. Inami Custódio Pinto**, folclorista consagrado, músico, professor da Escola de Música e Belas-Artes do Paraná, produtor e apresentador do programa paranaense de televisão *Pingos de Saber*, do Colégio Estadual do Paraná, autor de "Gralha azul", a canção-símbolo do Paraná (Natal de 2012).

É com imensa alegria que recebo seu "filho de papel" para minha humilde apreciação.
Sensibilidade, ternura e amor expressam minimamente o coração deste poeta.

De simplicidade e sabedoria sem igual, recebe os que o procuram sempre com uma palavra de carinho, fé e conforto espiritual.

Seus belos poemas refletem o que lhe vem da alma; usa a magia das suas palavras para encantar, trazendo leveza nas palavras como uma folha dançando ao sabor do vento!

Que Deus te abençoe grandemente, meu irmão, amigo e mestre querido! Parabéns por mais este lindo trabalho!

> **Euzilene Aparecida da Silva (Leninha)**, licenciada em Letras, gestora de Projetos na Secretaria de Estado da Ciência, Tecnologia e Ensino Superior do Estado do Paraná (2015).

Meu querido amigo Maia,

Agradeço a distinção de ter recebido o seu "filho", para apreciação.

Hoje pude deter-me sobre estes versos com mais vagar, saboreando cada palavra, escolhida com cuidado e maestria, sua musicalidade, seu significado, sobretudo porque as referências ao final de cada poema remetem à motivação, ao momento de vida do autor, e isso enriquece a apreciação do leitor.

É singela e pura a sua forma de poetar, traduzindo em versos as "lutas interiores do ser, que oscila entre a realidade objetiva e fantasias oníricas", como explica em dada altura. E você nos presenteia com uma obra que tem a sua maneira doce, afável, lírica, responsável, profunda de analisar os fatos mais importantes da vida, a luta diária para o crescimento, que às vezes é muito dolorida, mas sempre carregada de esperança.

Admirei a homenagem que você faz a tantos vultos importantes em sua vida, mostrando a grandeza da sua alma cristã e o sentimento de gratidão que anima os corações sensíveis:

> "Quero muito agradecer às mãos amoráveis
> Que me acolheram e me abriram portas,
> Amados seres, criaturas adoráveis
> Que m'ensinaram o que a vida comporta:

A enxada, o lápis, o livro, o martelo,
O serviço, a escola, a praça, a cidade,
A religião, a amizade, o lar singelo,
O parque, o vizinho, a universidade!"

E estes versos, dedicados aos internos da Casa de Custódia, companheiros que precisam de apoio para reerguer-se na vida:

"Embora cerceado,
Meu ser real, livre,
Viaja ao Infinito...

Vejo hoje
O que não via,
Compreendo agora
O que não sabia...

Estou mais senhor de mim!
A Vida – universo sem fim!
É minha casa – belo jardim!"

Parabéns, querido amigo, por você ter destravado aquele espinho que lhe ia na garganta, e por compartilhar conosco um pouco dessa magia e desse encantamento que fazem tanto bem aos nossos sentimentos.

Grande abraço, e fico no aguardo de que novas produções venham, para alegria de todos que gostamos de poesia.

Desembargador Noeval de Quadros, do Tribunal de Justiça do Estado do Paraná, da Corregedoria-Geral daquela Egrégia Corte, do Centro de Letras do Paraná, amigo e companheiro das lides espíritas (2015).

José

Você me pede uma apreciação sobre a tua última produção literária.

Confesso que aprecio enormemente as poesias que refletem o íntimo e a sensibilidade da alma do poeta, como são as tuas.

Certa ocasião, perguntei à Helena Kolody como ela dispunha as palavras da forma como poeticamente fazia, pois eu as reconhecia perfeitamente, mas não conseguia colocá-las daquela maneira. Respondeu-me que não sabia como, pois a inspiração vinha momentaneamente, sem alardes. Seria do espaço?

Agora leio a tua obra, referida como "Antologia poética: reflexos do bom combate", lembrando a citação do apóstolo Paulo, completada de "Memórias cinquentenárias de um poeta bissexto".

Desde a juventude, quando te conheci, vi que o teu destino seria o de um vencedor. As dificuldades de um garoto de 15 anos, lutando para superar as dificuldades e que pareciam insuperáveis, a ânsia por aprender, o desejo de ser útil e prestativo, afloravam em todas as ocasiões e momentos difíceis, você modestamente vinha se aconselhar com os mais velhos e experientes. Os conselhos foram bem recebidos e cumpridos com dignidade e altruísmo.

Estudante esforçado, desde o encontro das primeiras letras e palavras, escoteiro leal, bom amigo, funcionário exemplar, aconselhador eficiente, foi o resultado desses aconselhamentos que caíram e frutificaram numa mente aberta e privilegiada.

As tuas poesias encerram todo o valor e a magnificência de teu ser.

Agradecer e louvar, através da poesia, àqueles que de uma ou outra forma puderam modesta e desinteressadamente te ajudar mostra o teu caráter, valor e sensibilidade.

Você combateu o bom combate e sem dúvida prossegue combatendo, está exercendo a carreira com exemplar presença, tem preservado a tua fé, e mantém uma atitude digna nos campos de tua atuação.

Não pare; deixe para a posteridade as tuas "autodescobertas", para que possam ser úteis aos jovens de hoje.

Só posso agradecer a Deus ter te conhecido e ter mantido essa amizade sincera por tantos anos...

Parabéns por mais esse "filho" do coração e cérebro!

Prof. Ernani Costa Straube, do Instituto Histórico e Geográfico do Paraná, da Academia Paranaense de Letras, do Colégio Estadual do Paraná, da Escola de Polícia Civil do Paraná, da Secretaria de Estado da Educação, do Colégio Bom Jesus, da Faculdade de Administração e Economia do Centro Universitário Franciscano; pesquisador; autor de rica bibliografia sobre a História do Paraná. Sua trajetória inclui passagens por estabelecimentos de ensino, sistema penitenciário, órgãos de segurança pública, além de atividades de instituições ligadas ao Radioamadorismo, ao Escotismo, à Filatelia, à Heráldica (2015).

REFERÊNCIAS

ARNS, Frei J. Crisóstomo, OFM. *Tempo do Pai – Gabriel Arns (1890-1990)*. Curitiba, 1991.

BALZAC, Honoré de. *A Mulher de Trinta Anos/A Comédia Humana*. Tradução de Paulo Neves, Porto Alegre, L&PM Pocket, vol.149.

BADEN-POWELL [Lord Baden-Powell of Gilwell, Fundador do Escotismo], *Caminho Para o Sucesso*, Editora Escoteira, 1965.

BRASIL Literário. Rio de Janeiro: Crisalis Editora, 1987.

CAMARGO, Maria Soares de. *Terapia Penal e Sociedade*. Campinas: Papyrus Livraria Editora, 1984.

CENTRO DE LETRAS DO PARANÁ. *Cronistas do Centro de Letras do Paraná*. Organizadores: Ney Fernando Perracini de Azevedo e Andréa Motta Paredes. Coleção Literária de Autores Paranaenses, Curitiba, 2018.

CONCURSO Nacional Novos Poetas. [*Cabedelo, Estado da Paraíba*]: Poesia Livre, 2014, pág.213. Organização e apresentação: Isaac Almeida Ramos. Disponível em: www.vivaraeditora.com.br.

CONCURSO Nacional Novos Poetas. [*Cabedelo, Estado da Paraíba*]: Poesia Livre, 2015, pág.130. Organização e apresentação: Isaac Almeida Ramos. Disponível em: www.vivaraeditora.com.br.

CONCURSO Nacional de Contos e Poesias para Funcionários Públicos. Conto e Poesia. Promoção: Associação dos Servidores da Assembleia Legislativa do Estado do Paraná. Curitiba, set. 1990, pág.26.

Disponível em: acervo.folha.com.br. Acesso em: 26 jul. 2015.

Disponível em: maltz.info. Acesso em: 26 jul. 2015.

Disponível em: old.knoow.net. Acesso em: 26 jul. 2015.

FOGO DE CONSELHO – Revista da União dos Escoteiros do Brasil – Região do Paraná, Ano 3 – nº 10 -Abr/Mai/Jun 1994.

FRANKL, Viktor E. **Em Busca de Sentido**. Editora Vozes/Editora Sinodal, 29. ed. (revista), Tradução de Walter O. Schlupp e Carlos C. Aveline, Revisão técnica de Helga H. Reinhold, 2010.

GAZETA DO POVO. Curitiba, 11 ago. 2015.

GOVERNO DO ESTADO DO PARANÁ. **Mensagem à Assembleia Legislativa** [Roberto Requião, Governador do Estado], Paraná, 1993.

HISTÓRIA do Brasil. *Zero Hora*, s/d. Coordenação geral: Eduardo Bueno. Realização: Adams Design.

KIPMAN, Roseana T. Aben-Athar. **Guia do Lobinho**. União dos Escoteiros do Brasil, Editora Escoteira, Brasília, reedição, 1995.

O ECO. Jornal dos Internos da Penitenciária Central do Estado do Paraná, Piraquara, 1996.

PRIMEIRA página. Folha de São Paulo. 6. ed. São Paulo: Publifolha, 2006.

STRAUBE, Ernani Costa. **Guido Straube; Perfil de Um Professor – 1890 – 1937**. Curitiba: Editora Gráfica Expoente, 1992.

STRAUBE, Ernani Costa. **Manuel da Fonseca Lima e Silva, Barão de Suruí –** Esboço de Vida e Obra, Curitiba, abr. 1969.

VEJA. Ano 48, n. 36, ed. 2.442, 9 set. 2015.

WIKIPÉDIA. Acessos em: 3 jan. 2015, 16 fev. 2015, 22 fev. 2015, 28 fev. 2015, 5 jul. 2015, 7 ago. 2015, mar./jun. 2021.

Outras fontes da internet, acessadas em 27 set. 2015:

https://br.answers.yahoo.com/question/index?qid=20130227111454 AAtDQ5t.

http://tvcultura.cmais.com.br/maiscultura/videos/aconteceu-em-1974-raul-seixas-mais-cultura-09-04-2014.

http://jovemnerd.com.br/nerd-news/cinema/assistimos-a-jurassic-world-o-mundo-dos-dinossauros/.

http://www.cineplayers.com/critica/a-lista-de-schindler/274.

https://br.answers.yahoo.com/question/index?qid=201103 13075335AAp7JmI.

Acessos à internet feitos em 19 out. 2017, para dados de referência a acontecimentos históricos de 2015 a 2017:

http://www.correiobraziliense.com.br/ /noticia/brasil/2016/12/31/internas_polbraeco,562942/retrospectiva-2016-os-acontecimentos-que-foram-destaque-no-brasil.shtml.

http://g1.globo.com/retrospectiva/2015/.

https://noticias.uol.com.br/noticias/.

Fontes de inspiração, reflexão, memórias:

CASA ROMÁRIO MARTINS. Boletim Informativo da Casa Romário Martins/Fundação Cultural de Curitiba, **Aramis Millarch**, set.1992.

CASTRO, Celso e D'ARAÚJO, Maria Celina [organizadores]. *Dossiê Geisel* 2.ed. Rio de Janeiro, FGV Editora, 2002.

CEEBJA "PAULO LEMINSKI". **Coletânea de Poesias. 2º.** Prêmio Leminski, Lapa-PR, Outubro 2001. Questão de Opinião – Editora. [*Depois da Tempestade*, poema de José Maia].

DEUS, João de. **Pensamento de Baden-Powell:** o Fundador do Movimento Escoteiro. Curitiba: Virtual, 1994.

DIAS, Silvio de Oliveira. **Diamantes, Esmeraldas e Rubis** – poesias. Curitiba, 2004. Secretaria de Estado da Cultura/Imprensa Oficial do Paraná. ["Missionário"].

FARION, Dária. **Acrisolados no Coração**. [S. l.: s. n.], 2013.

FARION, Dária. **Vida, Néctar e Veneno**. [S. l.: s. n.], 1994.

KARDEC, Allan. **O Livro dos Espíritos:** filosofia espiritualista / recebidos e coordenados por Allan Kardec; [tradução de Guillon Ribeiro], 93.ed. – 6.imp. – Brasília; FEB, 2018.

KARDEC, Allan. **O Evangelho Segundo o Espiritismo** / por Allan Kardec; [tradução de Guillon Ribeiro da 3. ed. francesa, revista e modificada pelo autor em 1866]. 131. ed. – 12. Ed. – Brasília, FEB, 2018.

KARDEC, Allan. **O Livro dos Médiuns.** Tradução de Guillon Ribeiro. 68. ed. Rio de Janeiro: FEB, 2001.

MESERANI, Samir Curi. **Redação Escolar:** Criatividade. 3.ed. São Paulo: Editora Descubra, 1973.

STRAUBE, Ernani Costa. **Polícia Civil:** 150 Anos. Curitiba: Imprensa Oficial do Estado do Paraná, 2005.

STRAUBE, Ernani Costa. **O Prédio do Gymnásio – 1903 – 1990**. Curitiba: Governo do Paraná/Secretaria de Estado da Cultura, 1990.

TEZZA, Cristóvão. **Trappo.** 5. ed. Rio de Janeiro: Rocco, 1999.

WENDT, Herbert. **À Procura de Adão – Romance de uma Ciência**. 3.ed. São Paulo: Edições Melhoramentos, 1965.

Obras revisadas pelo autor:

BARUFFI, Walter. **Pensando Poemas**. 1. ed. Curitiba: Neoprint, 1994.

DRABIK, Alexandre. **Paraná, Meu Paiquerê**. Editora Santa Mônica. [S. l.], 1998.

STROZZI, Maria de Lourdes. **A Princesa & Eu.** Edição da autora. [S. l.: s. d.].

TURIN, Elisabete. **A Arte de João Turin**. Curitiba: Ingra Indústria Gráfica, 1998. [Revisão em colaboração com o Prof. Luiz Gonzaga Paul].

WOJCIK, Eve. **Anjos e Demônios**. Gráfica Equilíbrio. [S. l.: s. d.].

Obra em coautoria:

Maia, José; Lessa, Ivo. **A Correspondência do Governador José Richa**: Introdução ao Estilo, Curitiba, Abr/1984. [Subsídios].

CRÉDITOS

Pintura da Capa

À artista plástica **Célia Maria Vieira de Oliveira Martins**, também cantora e assistente social. Seu óleo sobre tela, tamanho 80 x 60 cm, imortalizou a paisagem denominada *Nossa Casa na Favela – Ahú/1969*, trabalho concluído em 21 de outubro de 2007, com base no esboço a lápis que lhe foi fornecido por José Maia, autor destes *Reflexos*...

Digitalização Inicial e Capa

À **Luciana Andreatta Maia**, filha do autor, que digitalizou os poemas inicialmente, com os cuidados de ordená-los, identificando repetições de registro e omissões. Também credito a ela a concepção final da capa, em colaboração com **Sheila Alves**, capista da Editora Appris.

Pontapé Decisivo

À **Milena Lopes Andreatta Maia**, neta do autor, que se entusiasmou com a possibilidade de que *Reflexos* ... fosse efetivamente publicado e cujo insistente entusiasmo significou arrancada para o lançamento inicial da obra.

Revisão Gramatical

Ao redator **Gilberto Andreatta Maia**, filho do autor, que, com conhecimento, competência e dedicação, realizou a filtragem necessária a que os textos pudessem chegar ao público leitor da melhor forma possível, ou seja, segundo as normas vigentes da língua portuguesa.